Entwurf

BÜCHERPLANTAGE

AF670590

Deutsche Erstausgabe – 2021

Gestaltung: Bücherplantage UG
(haftungsbeschränkt)
Printed in Germany
ISBN 978-3-947880-02-7

https://www.bücherplantage.de

Driton Gashi

Mit dem Doppeladler im Ruhrpott

Ein Albaner erzählt seine Geschichte

Für meine Mutter Feride
(1954 – 2020)
in ewiger Liebe

Grußwort

Als Driton Gashi mich vor einiger Zeit anfragte, ob ich ihn bei seinem Buchprojekt eines «Erfahrungsberichts aus den letzten 30 Jahren», wie er es nannte, zu begleiten, sagte ich, entgegen sonstiger Usanz, spontan zu. Zum einen hatte ich kurz zuvor Gashis albanisches Buch «Rrugëtim publicistik» (in freier Übersetzung: publizistische Reise) gelesen, eine Sammlung von Essays, Reportagen etc. zu verschiedenen Aspekten der albanischen Migration und Identität und zum jungen Staat Kosovo.
Außer Frage stand für mich, dass hier ein kritischer, hellwacher Kopf schreibt, ein Autor, der sein Handwerk und die Sprache beherrscht und über ein beeindruckendes Reflexionsvermögen verfügt. Ebenso wichtig, nein: ausschlaggebend, war, dass ich Driton Gashi seit ein paar Jahren persönlich kenne und wegen der genannten Eigenschaften, aber auch wegen seines Humors und seiner Empathie – sehr schätze.
Kennengelernt hatten wir uns an den Fortbildungsseminaren, die das Bildungsministerium von Kosovo jeden Sommer für die Lehrer*innen des albanischen Ergänzungsunterrichts (HSU) in ganz Europa organisiert, abwechslungsweise in Kosovo, Albanien und Nordmazedonien.
Als Albanologe und Mitarbeiter in Lehrmittelprojekten für die albanische Diaspora war jeweils auch ich eingeladen. Driton fiel mir an diesen mehrtägigen Seminaren nicht nur durch seine kompetenten Statements während der Sitzungen auf, sondern auch durch seine musikalische Virtuosität, mit der er das gesellige Beisammensein an den Abenden bereicherte.

Als Gitarrist gleichermaßen talentiert wie als Sänger, begeisterte er die Anwesenden durch sein riesiges Repertoire an traditionellen albanischen wie auch englischen und deutschen Liedern und Songs.
Während der kulturellen Exkursionen an den Nachmittagen kamen wir regelmäßig ins Gespräch und unterhielten uns aufs Angeregteste über Fragen der bikulturellen Identität und der Orientierung in und zwischen verschiedenen Norm- und Wertsystemen. So wurde aus der anfangs eher akademischen Bekanntschaft bald eine gute, von gegenseitigem Respekt und Interesse geprägte Freundschaft.

Und in der Tat wurden meine Erwartungen nicht enttäuscht. «Mit dem Doppeladler im Ruhrpott» ist ein bemerkenswertes und facettenreiches Buch, das sich dank seiner eingängigen Sprache zudem außerordentlich gut und flüssig liest. Die 28 Kapitel lassen sich mindestens drei Ebenen zuordnen: Autobiografisches, historische und kulturelle Hintergründe, Reflexion identitärer, integrationsbezogener und weiterer Fragen.

Gleichsam den roten Faden bilden die autobiografischen Kapitel. Sie beginnen mit der berührenden Erzählung der ersten Jahre und Erlebnisse des 15-jährigen, eben aus Prishtina nach Deutschland zugewanderten Driton, berichten sodann über dessen schulischen Werdegang und die mit diesem verbundenen Hürden, und lassen uns am Weg zu seinem Beruf als Sozialpädagoge teilhaben.
Eindrücklich ist die Willenskraft und die Meisterung vielfältiger Klippen, eindrücklich sind aber auch die Schilderungen zur musikalischen Karriere des Autors und zum hohen Stellenwert, den die Musik in seinem ganzen Leben spielte und spielt.

Dass alle diese Kapitel ohne jede Larmoyanz und oft mit einem feinen Humor geschrieben sind, trägt zu ihrer Qualität und Authentizität bei.

Historische und kulturelle Hintergründe als zweite Ebene finden sich einerseits integriert in diverse autobiografische Abschnitte, andererseits sind sie Gegenstand eigener Kapitel («das Ausnahmejahr 1999» u.a.). Sie tragen dazu bei, die Biographie des Autors historisch und kulturell zu kontextualisieren, zugleich vermitteln sie dem Leser, der Leserin wertvolles Hintergrundwissen. Zur besonderen Qualität dieser Passagen zählt, dass der Autor auch dort, wo es um bittere und schmerzliche Ereignisse und Erfahrungen geht, bei einer nüchternen Darstellungsweise bleibt. Auch dort, wo diese durchaus emotional gefärbt ist, rutscht sie nie in einen Anklagemodus oder einen penetranten Patriotismus ab. Die gelungene Kombination und Verflechtung autobiografischer und hintergrundbezogener Passagen, ergänzt um kluge Reflexionen, trägt dazu bei, dass Gashis Buch auch für ein deutsches Publikum zum wertvollen und authentischen Quellentext wird. Identitäre und integrationsbezogene Themen spielen eine bedeutsame Rolle in vielen der autobiografischen Kapitel (vgl. insbesondere das Kapitel «Integration – Was ist das überhaupt?»). Nicht zuletzt in diesem Themenbereich kommen das hohe Reflexionsniveau, die Fachkompetenz und die kritische Haltung des Autors zur Geltung; drei Aspekte, die ihn bei aller emotionaler Verbundenheit mit seiner Erst- und Herkunftskultur auch vor jeglichem plattem Nationalismus bewahren.

Müsste ein Beispiel für den gelungenen Aufbau dessen gefunden werden, was in der Literatur als balancierte, ausgewogene bikulturell-bilinguale Identität bezeichnet wird, so stünde Driton Gashi gewiss in der ersten Reihe.

Dass er uns, in durchaus emotionaler, gefühlvoller, immer aber gänzlich unpathetischer Weise an seinem wahrhaft nicht einfachen Weg durch die letzten dreißig Jahre teilhaben lässt, zählt zu den großen Verdiensten des Buchs.

Dem Autor und seinem klugen, lebendig geschriebenen Buch wünschen wir von Herzen alles Gute und viel Erfolg auch für die nächsten dreißig Jahre.

Hagenbuch/Zürich, im Februar 2021 Basil Schader

Inhalt Seite

Wir schreiben das Jahr 1990

Das auberginefarbene Sakko, das ich mir von meinem Cousin geliehen hatte, hing auf dem Kleiderbügel. Auch die akkurat gebügelte schwarze Stoffhose und das weiße Hemd warteten darauf, dass ich sie endlich anzog. Die eleganten Schuhe hatte ich mehrmals geputzt und poliert, bis sie glänzten. Bei Burim, dem Friseur meines Vertrauens war ich auch schon gewesen, er hatte mir einen Kurzhaarschnitt verpasst. Sein Vater, der immer einen flotten Spruch parat hatte, wünschte mir viel Glück zu meiner Abschlussfeier und lachte verschmitzt. Das obligate Haargel hatte ich mir von meinem Onkel geliehen.

Ich war zu dieser Zeit 15 Jahre alt und schloss gerade die Grundschule (shkolla fillore tetëvjeçare) ab, die damals acht Jahre dauerte. Unser Abschlussfest «semimatura» fand Mitte Juni im großen Festsaal des Hotels Bozhuri (die Pfingstrose) statt, eins der beiden staatlich betriebenen Hotels in der kosovarischen Hauptstadt Prishtina. Alle Abschlussklassen unserer Schule feierten gemeinsam, es waren mindestens 300 Schülerinnen und Schüler sowie das gesamte Lehrpersonal eingeladen. Alle hatten sich fein angezogen, die Mädchen trugen sogar hohe Absätze und Hochsteckfrisuren. Meine Klassenlehrerin Gjylizare musste lange weinen, als sie uns so chic und so «erwachsen» sah. Es war unser letzter gemeinsamer Abend nach acht erfolgreichen Jahren in der Schule. Meine Sportlehrerin Hatixhe, die für ihre Scherze berühmt-berüchtigt war, fragte mich, warum sich meine Haare nicht bewegten. Ich muss gestehen, ich hatte es mit dem Gel etwas übertrieben. Wollte halt aussehen wie einer der Zwillinge der britischen Boyband Bros.

Bei guter Livemusik, gutem Grillteller nach albanischer Art und Coca-Cola sangen und tanzten wir zusammen zu albanischen Volks- und Popliedern und internationalen Songs bis Mitternacht. Mit Valon Gashi, einem Freund und Mitschüler aus der Parallelklasse 8/4, damals schon leidenschaftlicher Musiker und heute einer der besten Gitarristen im albanischsprachigen Raum (nicht verwandt mit mir: gefühlt heißt jeder zweite Kosovo-Albaner Gashi), durfte ich auf die Bühne und einige Songs zum Besten geben.

Aus unserem Repertoire ist mir leider nur «Let it be» von den Beatles in Erinnerung geblieben. Vermutlich war auch «Vetëm për ty» (Nur für dich) dabei, eine wunderschöne Ballade der legendären Rockband Telex aus Shkup (Skopje, Mazedonien), aber sicher bin ich mir da nicht mehr. Egal, welche Lieder wir sangen oder welche Tänze wir tanzten: Es war eine tolle, unvergessliche und emotionale Atmosphäre. Eine der besten Partys meines Lebens! Einige von uns, die noch nicht genug hatten, gingen anschließend noch in die Diskothek des größeren und edleren 5-Sterne-Grand-Hotels und feierten weiter. Eigentlich hätten wir nach Hause gemusst und wären auch nicht in die Disko reingekommen.

Aber Atila, mein bester Freund seit der Kindheit, war zufällig verwandt mit dem kräftigen und furchteinflößenden Türsteher, einem seiner Cousins zweiten oder dritten Grades, der mit uns erst schimpfte, was wir Kinder denn zu später Stunde in der Stadt suchen würden. Nachdem er erfuhr, dass dies unsere letzte gemeinsame Nacht war, ließ er uns dann doch in die Diskothek.

Dort tanzten wir dann weiter zu «Back to life» von Soul II Soul, «Pump up the jam» von Technotronic, schmunzelten verschämt zu «French Kiss» (die Älteren werden sich erinnern: das nicht ganz jugendfreie Stöhnlied).

Wir lagen uns in den Armen bei «Nothing compares to you» und weinten dabei genauso wie Sinead O`Connor.
Übrigens: das Thema «Cousins und Cousinen», welchen Grades auch immer, wird uns öfter in diesem Buch begegnen.

Der Abschied von allen Schulfreundinnen und Freunden war tränenreich, besonders für mich, da ich in einem Monat Kosovo verlassen sollte. Mein Vater war schon im November 1989 nach Deutschland ausgereist, kurz nach dem historischen Mauerfall in Berlin. Er hatte sich 1988 um eine Stelle als Auslandslehrer in Deutschland für die albanische Sprache beworben. Kindern von damaligen Gastarbeitern sollte nachmittags im Ergänzungsunterricht die Muttersprache vermittelt werden, damit sie nach der Rückkehr in ihre Heimat den schulischen und kulturellen Anschluss nicht verpassten. Nach vielen Fortbildungen und Deutsch-Sprachkursen beim Goethe-Institut bekam er tatsächlich eine solche Stelle. Das war der Beginn einer großen Veränderung für das Leben der ganzen Familie.

Mein Vater Sejdi hatte geplant, für vier Jahre in Deutschland zu arbeiten und danach zurückzukehren. Meine Mutter Feride arbeitete damals als Grundschullehrerin, meine ein Jahr ältere Schwester Filloreta, mein sechs Jahre jüngerer Bruder Agron und ich gingen zur Schule. Wir waren eine durchschnittliche Familie, der es für die damaligen Verhältnisse in einem sozialistischen Land eigentlich ganz gut ging. Wir hatten zwar kein großes Haus, aber für die damaligen Ansprüche reichte es.

Bloß: Der Plan meines Vaters sollte nicht aufgehen.

Die Provinz Kosovo, wie sie im damaligen Jugoslawien hieß, stand seit Jahren unter massivem Druck durch die serbische und jugoslawische Regierung.

Schon 1989 wurde ihr der Autonomiestatus entzogen, der den Albanern im Kosovo seit 1974 fast die gleichen Rechte wie den anderen Völkern im ganzen Land zugesichert hatte. Es folgten schwere Unruhen mit vielen Todesopfern, Verletzten und Verhafteten. Bereits 1981 hatten große Studentenproteste im Kosovo ganz Jugoslawien erschüttert. Die unterdrückten Albaner hatten damals für Kosovo mehr Rechte und den Status einer eigenen Republik gefordert.

Die Initiatoren und viele andere Teilnehmer der Demonstrationen wurden verhaftet und wegen Rebellion und Separatismus bis zu 20 Jahren Haft verurteilt. Außerdem waren viele Tote und Verletzte zu beklagen.
In der Folgezeit wurde die Lage im Kosovo immer unübersichtlicher, unsicherer und gefährlicher. Daher entschied sich mein Vater, seine Familie nachzuholen.
Ende Juli 1990 war es soweit: Mit seinem roten Citroen fuhren wir von Prishtina nach Deutschland. Bis zu dieser Zeit hatte ich Jugoslawien nie verlassen. Meine weitesten Reiseziele waren die Adriastädte Budva und Ulqin in Montenegro, Ohrid und Struga in Mazedonien und ein Schüleraustausch im kroatischen Split gewesen. Unsere Fahrt führte uns über Serbien, Kroatien und Slowenien (die damals noch alle zusammengehörten) sowie Österreich, bis wir schließlich in Gjermania ankamen.
Schon kurz nach dem Grenzübergang standen wir im Stau. Ich glaube, «Stau» war mein erstes deutsches Wort. Oder war meine erste Erfahrung mit der deutschen Sprache schon in den Achtzigern mit dem Riesenhit «Da, da, da» von Trio erfolgt? Keine Ahnung. Nach vielen Staus und interessanten Begegnungen mit türkischen Gastarbeitern auf mehreren deutschen Raststätten kamen wir in der Nacht von Samstag auf Sonntag in Gelsenkirchen an.

Jawohl, Gelsenkirchen! Mein Vater wurde von seinem Arbeitgeber (der inzwischen auch meiner ist), dem Schulministerium des Landes Nordrhein-Westfalen, dem Regierungsbezirk Münster zugewiesen. Seine sogenannte Stammschule sollte in Gelsenkirchen sein. Dies war der Grund, warum Gelsenkirchen meine zweite Heimat werden sollte. Noch im Auto fühlte sich mein Vater bemüßigt, uns einen schnellen «Integrationskurs» anzubieten. Er war ja acht Monate vor uns hier eingetroffen, das musste als Qualifikation reichen, uns in Sachen deutsche Kultur zu belehren. «Sonntags sind alle Geschäfte geschlossen, auch die Bäckereien machen nicht auf», erzählte er uns. «Man verhungert, wenn man vergisst, vorher einzukaufen und wenn man nicht selbst Brot backen kann!»

Wir wunderten uns darüber. Im Kosovo waren damals die staatlich geführten Lebensmittelläden zwar an Sonntagen auch geschlossen, der Markt und die privaten Bäckereien hingegen offen. Unser erster Tag in Deutschland war also ein ruhiger, sehr ruhiger Sonntag. Wir schliefen erst lange und erholten uns von der langen Autofahrt. Meine Mutter versuchte, aus den Vorräten, die mein Vater in seiner zuvor gemieteten kleinen Wohnung hatte, und dem übrig gebliebenen Reiseproviant eine Mahlzeit zu zaubern.

Ich glaube, sie hatte Petulla gebacken – eine Art albanische Berliner ohne Füllung. Das gibt es bei Albanern oft zum Frühstück, vor allem dann, wenn Besuch da, aber keine Bäckerei in der Nähe ist.

Meine Schwester, mein Bruder und ich wagten uns dann zum Nachmittag raus. Auf der Straße gähnende Leere. Niemand war zu sehen. Keine Kinder, die spielten, keine Jugendlichen, niemand. Uns Großstadtkindern kam dies vor wie im Dorf.

Wir wohnten im ruhigen, bürgerlichen Stadtteil Gelsenkirchen-Sutum, in der Nähe des damaligen Schalker Parkstadions. Mehr als einen Lebensmittelladen, eine Poststelle, eine Bäckerei, eine Metzgerei, eine Eckkneipe, eine Arztpraxis, eine Apotheke und eine Pommesbude gab es dort nicht.
Und auch die machten dann noch Mittagspause! Apropos Pommesbude. Sie befand sich vier Häuser weiter. Mein Vater hatte jedem von uns 5 Mark gegeben. Obwohl wir schon gegessen hatten, rochen wir die leckeren Pommes von Weitem und gingen rein. Ich weiß nicht, in welcher Sprache wir bestellt haben. Wir konnten für unser Alter ganz gut Englisch, aber die nette, etwas ältere Dame von der Pommesbude, schien diese Sprache nicht zu beherrschen. Dann haben wir einfach «pomfrit» gesagt. Das verstand sie und wir bestellten jeder eine Portion. Mein Vater wunderte sich und lachte, als wir ihm erzählten, dass wir in Deutschland nicht verhungert sind und, ohne ein Wort Deutsch zu verstehen, Pommes gekauft haben. Unser erster Schritt in Richtung erfolgreicher Integration! Für meinen Bruder waren seine ersten Pommes in Deutschland der Beginn einer neuen Esskultur. Er hätte drei Mal am Tag Pommes essen können.
Selbst wenn meine Mutter leckere Bratkartoffeln mit Hähnchen, Ofenkartoffeln oder Püree gemacht hatte, ging er lieber in die Pommesbude, wo er Pommes mit Schaschliksoße bestellte. Darüber lachen wir noch heute.

Nach drei Tagen zur Schule

Jeder von uns macht die Erfahrung, bei Auslandsreisen natürlich, eine Sprache nicht zu verstehen und zu sprechen und sich dadurch ausgeschlossen zu fühlen. Allerdings ist es ein großer Unterschied, ob man zwei Wochen irgendwo auf dieser Welt Urlaub macht oder aber sich in einem neuen Land niederlassen will. Als Urlauber behilft man sich mit Englisch oder anderen Sprachen und findet es vielleicht auch lustig, sich mit Händen und Füßen zu verständigen. Aber als neuer Einwohner eines Landes?
Ich erinnere mich, dass sich die erste Zeit in Deutschland wie ein Traum angefühlt hat. Einerseits das Leben in der Familie, die vertraute Sprache, die Selbstverständlichkeiten, die kulturellen Codes, die man seit der Kindheit kennt. Andererseits die neue Welt, die ohne Sprache nicht zugänglich ist, unerreichbar bleibt. Diese Erfahrung machen fast alle Migrantinnen und Migranten auf der ganzen Welt, wenngleich natürlich in unterschiedlichem Ausmaß und mit unterschiedlichem Leidensdruck. Die Tatsache, dass man von einem auf den anderen Tag nichts mehr versteht und nicht mitmachen kann, ist jedenfalls schwer erträglich. Viele behaupten, sie hätten sich wie Kleinkinder gefühlt, die nicht sprechen können. Auch ich habe mich teilweise ähnlich gefühlt.
Mein Vater hatte in den acht vorangegangenen Monaten Grundkenntnisse im Deutschen erworben, die aber noch sehr rudimentär waren. So merkte man ihm auch manchmal den Stress an, wenn er bei Behörden war oder auf Deutsch telefonieren musste. Trotzdem hat er sich bemüht zu sprechen, hat sich für seine Fehler nicht geschämt und meldete sich auch weiterhin zu Deutschkursen an.

Mein Bruder war damals neun Jahre alt und ging ohne Deutschkenntnisse in die Regelgrundschule. Die ersten Tage weinte er ununterbrochen, weil er nichts verstand und sich ausgeschlossen fühlte. Meiner Mutter tat es sehr weh, ihren jüngsten Sohn in diesem Zustand zu sehen und ihm nicht helfen zu können.

Seine Mitschüler, mit denen er nachmittags Fußball spielte, waren ihm eine große Hilfe, sodass er nach wenigen Monaten anfing deutsch zu sprechen und sich in der Schule wohler fühlte. Meine Schwester und ich kamen in eine der Vorbereitungsklassen, die heute Willkommensklassen oder internationale Förderklassen heißen. Dort waren andere Jugendliche aus Migrantenfamilien, die erst intensiv die deutsche Sprache erlernen sollten, um später dem Unterricht in der Regelklasse folgen zu können. Nachmittags waren wir zusätzlich in einem Deutschkurs an der Volkshochschule angemeldet. Schon sehr viel Programm und Stress, aber es hat sich gelohnt!

In der ersten Zeit haben wir uns mit den freundlichen und hilfsbereiten Lehrkräften auf Englisch unterhalten, irgendwie mussten wir uns ja verständigen. Aber innerhalb kurzer Zeit fingen wir an, auf Deutsch zu kommunizieren. Ich erinnere mich gern an diese Zeit zurück, denn trotz des großen Heimwehs, das wir spürten, versuchten wir mit viel Energie, uns die neue Sprache anzueignen und die Umgebung zu erkunden. Dazu kamen nach und nach auch die kulturellen Besonderheiten, die wir im Laufe der nächsten Jahre kennenlernen sollten. Wie schon erwähnt waren die Lehrkräfte sehr engagiert, professionell und sensibel gegenüber unserer damaligen Situation.

Ihnen gebührt meine höchste Anerkennung und Wertschätzung, vor allem Herrn Siol, Frau Schröer, Frau Schwingel-Schauder, Frau Cenic und Herrn Kronberg, unserem Musiklehrer, der meine Schwester und mich sogar zu einem Weihnachtskonzert in einem Kirchenchor singen ließ. Es war das zweite deutsche Weihnachtslied, das ich in der St. Joseph Kirche auf der Grillostraße in Gelsenkirchen sang: «Komm, bau' ein Haus». Das erste hatte uns unsere Cousine aus Linz in Österreich schon 3 Jahre zuvor in Prishtina beigebracht: «Kling Glöckchen, klingelingeling». Das erste Weihnachtsfest in Gelsenkirchen habe ich ebenfalls in sehr guter Erinnerung.

Am schön geschmückten Weihnachtsmarkt in der Fußgängerzone ist damals eine gewisse Kelly Family aufgetreten, die zu dieser Zeit nicht so bekannt war und eher Straßenmusik gemacht hat. Maite und Angelo waren noch Kinder, sie haben «We are the world» gesungen und viele Zuschauerinnen und Zuschauer zu Tränen gerührt.

In der Vorbereitungsklasse fanden wir schnell neue Freundinnen und Freunde. Einige von ihnen waren schon vorher eingewandert, einige im gleichen Jahr wie wir und andere kamen später dazu. Die gemeinsame Lebenslage verband uns, zudem stammten viele von ihnen aus verschiedenen Teilen Ex-Jugoslawiens, so dass die sprachlichen und kulturellen Hürden nicht hoch waren. Auf dem Schulhof gab es auch deutsche Jugendliche, von denen wir einige ebenfalls kennen gelernt haben. Die Kontakte mit ihnen spielten sich eher in der Schulzeit ab. Mit den Freunden aus der Vorbereitungsklasse hingegen haben wir uns auch außerhalb der Schule getroffen, gingen zusammen zum Sportplatz, in die Stadt, ins Schwimmbad, ins Kino und haben uns gegenseitig zum Geburtstag eingeladen. Zu einigen von ihnen habe ich noch heute Kontakt.

Über das Heimweh in der Fremde

Wenn ich heute zurückblicke, frage ich mich, woher ich die Kraft hatte, das schreckliche Gefühl des Heimwehs, diesen furchtbaren Schmerz, derart zu kaschieren und zu verdrängen? Im Grunde war es immer da, bis heute sogar. Vielleicht hatten wir es leichter – natürlich hatten wir es leichter als jene heutigen Flüchtlinge, die ohne Eltern und Familie auswandern müssen. Wir hatten unsere Eltern und wir haben viele neue Familien kennen gelernt, zu denen wir regelmäßig Kontakt hatten. Allerdings: Familie ist im Kosovo ein großes Wort und meinte vor allem eine große Zahl von Menschen. Meine Kindheit habe ich in der Großfamilie verbracht, das heißt mit den vielen Geschwistern meines Vaters und mit meiner Großmutter. Heute würde man dies einen Mehrgenerationenhaushalt nennen. Außerdem gehörten zur Großfamilie die vielen Tanten, Onkel, Cousins, Cousinen, Großcousins, Nachbarn, Freunde aus meinem Viertel, aus der Schule, Kolleginnen und Kollegen meiner Eltern, etc., etc. Die Trennung von diesem großen sozialen Netz haben wir alle nie wirklich verarbeiten können. Obwohl ich bis heute sehr enge Beziehungen zu vielen Verwandten und Freunden habe, tut die Trennung seit dreißig Jahren immer noch weh. Vor allem hat mich die Sehnsucht nach meiner Großmutter immer sehr mitgenommen. Das können sich vielleicht diejenigen vorstellen, die mit der Großmutter in einem Haushalt aufgewachsen sind. Meine Oma hat mich, hat uns alle großgezogen und damit verband sich schon eine sehr große emotionale Nähe. Die Trennung von ihr, die vielen Abschiede, nachdem wir im Heimaturlaub im Kosovo waren, waren schwer, eigentlich unerträglich.

In den ersten Wochen und Monaten in Deutschland fühlten wir uns sehr einsam und haben sehr viele Briefe geschrieben. An unsere Freundinnen und Freunde, an die Verwandten, an die ehemaligen Lehrerinnen und Lehrer usw. Unsere Telefonrechnung war jeweils sehr hoch, mein Vater hatte mit uns deswegen geschimpft. Auslandsanrufe waren damals sehr teuer: Whatsapp und Skype gab es noch nicht. Ich erinnere mich, wie sehnsüchtig wir immer gewartet haben, bis unsere flotte Postbotin angeradelt kam. Die große Freude über einen Brief aus der Heimat kann heute keine Zoom-Konferenz, keine E-Mail und keine SMS ersetzen. Jeder dieser Briefe war ein Stück Heimat, ganz analog, mit der Handschrift unserer Familie und Freunde. Einige legten auch ein Bild bei. Wir freuten uns riesig darüber, mussten aber während des Lesens oft weinen. Meine Schwester hat noch mehr gelitten als ich. Sie hatte schon die neunte Klasse der Mittelschule in Prishtina angefangen und musste ihre alten und neuen Freundinnen verlassen. Furchtbar!

Wir fingen langsam an, uns an die neue Situation zu gewöhnen, aber am liebsten wären wir wieder zurückgekehrt. Unsere Freundinnen und Freunde aus Kosovo erzählten von den Neuigkeiten aus dem Freundeskreis, aus der Schule, von den Partys im Dardania, genannt «kurriz» (Rückgrat), dem damals angesagten Vergnügungsviertel von Prishtina, und natürlich auch von den politischen Veränderungen, die damals rasant vor sich gingen. Wir aber fühlten uns wie gelähmt weil wir nicht vor Ort waren, um mitzumachen. Mitzumachen bei den vielen Demos, Protesten und anderen Aktionen gegen die Unterdrückung und für den Frieden in unserer Heimat.

Ich hörte viel Musik, um auf andere Gedanken zu kommen. Oder ich stürzte mich auf Schularbeiten und die schwierige deutsche Grammatik, um das Heimweh zu verdrängen und zu verarbeiten. Oder ich versuchte, deutsche Zeitungen und Bücher zu lesen. Viel verstand ich ja noch nicht, aber so schnell gab ich nicht auf. Mein Vater hatte bereits damals die Regionalzeitung WAZ (Westdeutsche Allgemeine Zeitung) abonniert. Er war schon aus dem Kosovo gewohnt, immer eine oder mehrere Zeitungen am Tag zu lesen, und an dieser Gewohnheit hielt er auch im neuen Land und in der neuen Sprache fest.

Wie gesagt, trotz der schwierigen emotionalen Lage, in der wir uns alle befanden, ließen wir den Kopf nicht hängen und kehrten relativ schnell zu einer gewissen Normalität zurück, wenn man dies so nennen kann. Für meine Mutter war es am Anfang besonders schwierig, weil sie immer schon gewohnt war, zu arbeiten. Wir gingen alle weg, mein Vater zur Arbeit, wir Kinder zur Schule, sie blieb allein zuhause und litt unter Langeweile und Heimweh. Sie belegte aber mehrere Deutschkurse in der Volkshochschule und lernte fleißig die neue, schwierige Sprache.
Da ihr aber die regelmäßigen Kontakte im Alltag fehlten, tat sie sich sehr schwer und traute sich nicht zu sprechen. Sie hatte zwar ein gutes Gefühl für Fremdsprachen, ist in ihrem Dorf zweisprachig mit Albanisch und Serbisch aufgewachsen, hatte aber bisher keine Berührung mit germanischen Sprachen gehabt. Ihre erste Fremdsprache in der Schule war Russisch gewesen. Die fehlende Erfahrung mit Englisch machte sich dann auch im Umgang mit dem Deutschen bemerkbar.

Zwei Jahre musste sie warten, bis auch sie eine Stelle als Albanischlehrerin bekam. Das tat ihr sehr gut und brachte ihr Selbstwertgefühl, ihren Lebensmut und ihr Lächeln wieder zurück. Sie kehrte wieder in ihren Beruf zurück, natürlich unter anderen Bedingungen als im Kosovo. Aber sie arbeitete sich schnell ein, entwickelte mit meinem Vater zusammen neues Lehrmaterial für die besondere Didaktik des muttersprachlichen Unterrichts in der Migrationssituation, nahm an zahlreichen Fortbildungen beim Landesinstitut für Weiterbildung in Soest teil und war sehr erfolgreich.
Ihre Schülerinnen und Schüler mochten sie sehr, auch wenn sie manchmal durchaus streng sein konnte.

Meine Eltern wurden in Kosovo zu jener Zeit Lehrer, als es überall auf der Welt große gesellschaftliche Veränderungen gab, also Ende der sechziger und Anfang der siebziger Jahre. Sie wurden einerseits von älteren, sehr wertkonservativen, strengen und autoritären Professoren ausgebildet, bekamen aber andererseits auch den progressiveren, liberalen Geist der 68er Bewegung mit und wurden dadurch in ihrem beruflichen und privaten Lebensweg geprägt. Kurz zuvor noch, in den frühen sechziger Jahren, wäre es im Kosovo undenkbar gewesen, dass meine vom Land stammende Mutter überhaupt einen Beruf hätte erlernen können. Die schnelle und positive emanzipatorische Entwicklung von Frauen kann man auch anhand alter Fotos meiner Mutter beobachten. In einem Klassenfoto aus ihrer Grundschulzeit schaut sie verschüchtert und ängstlich in die Kamera und trägt dörfliche Kleidung. Auf einem Foto aus ihrer Studienzeit in der Hauptstadt dagegen lacht sie mit ihren Freundinnen, alle tragen Miniröcke und T-Shirts im Look der Flower-Power-Generation und strahlen eine große Lebensfreude aus.

Es gab im Jugoslawien der siebziger Jahre eine vom Staat gestartete Bildungsinitiative, durch die auch Jugendlichen aus ärmeren und ländlichen Gegenden und aus bildungsfernen Schichten der Aufstieg durch Bildung ermöglicht wurde. Sowohl mein Vater als auch meine Mutter und viele andere Studierende aus dieser Zeit haben damals ein Stipendium vom Staat erhalten. Ohne diese Hilfe hätten ihre armen Familien niemals eine höhere Schulbildung ihrer Kinder finanzieren können.

Der Ernst des Lebens beginnt – Die Regelschule

Wie schon gesagt, das Halbjahr in der Vorbereitungsklasse verlief sehr schnell und wir fühlten uns sehr wohl. Eigentlich sollten die Schüler mindestens ein Jahr in dieser Klasse bleiben, um für die Herausforderung Regelschule fit gemacht zu werden. Doch eine aus Slowenien stammende Mitschülerin und ich bekamen von unserem Klassenlehrer die Empfehlung, es schon nach 6 Monaten in der Regelklasse zu versuchen. Ich weiß genau, wie aufgeregt ich war. Mein Vater hatte seinen Freund und Kollegen Sami Thaçi gebeten, uns zur Schule zu begleiten, um uns beim Einführungsgespräch zu unterstützen. Er kam extra aus Wuppertal angereist, wo er als Albanischlehrer tätig ist. Axha (Onkel) Sami, vielen herzlichen Dank! Der freundliche Schulleiter und die freundliche Sekretärin nahmen uns in Empfang und waren einverstanden, dass ich in die neunte Klasse eingegliedert wurde. Ich habe bestimmt sehr schüchtern und ängstlich gewirkt. Denn mir war klar, jetzt muss ich genau die Texte lesen, die auch die deutschen Mitschüler lesen, von nun an gibt es keine Rücksicht für mich, auch wenn ich erst sechs Monate in Deutschland lebte.
Wie hoch werden die Erwartungen sein? Werde ich dem Unterricht folgen können? Wie wird die Klasse auf mich reagieren? Werden sie mich in die Gruppe aufnehmen? Quälende Fragen, die mich sehr umtrieben, bevor der Tag kam, als ich in der Schule begann.
Meine Klassenlehrerin holte mich vom Sekretariat ab, hieß mich freundlich willkommen und brachte mich in meine neue Klasse. Sie stellte mich vor und bat meine Mitschülerinnen und Mitschüler, mich in ihre Reihen aufzunehmen und zu unterstützen.

Einige kamen sofort auf mich zu und begrüßten mich mit Handschlag, andere waren höflich, aber distanziert, einige wenige verhielten sich leicht abweisend. Es ist sehr schwierig, meine damaligen Gefühle in Worte zu fassen: irgendetwas zwischen dem ersten Schultag überhaupt und dem Wechsel an eine neue Arbeitsstelle, nehmen wir an, irgendwo in China, wo die Kollegen sich schon seit Jahren kennen und wo man fast für immer der Neue bleibt. Meine neue Klasse war schon über fünf Jahre zusammen, es hatten sich längst verschiedene Cliquen gebildet, nach Interessen und Hobbys, nach Sympathie natürlich auch. Ich musste mich sowohl in die neue Klasse einfügen als auch in das neue Schulsystem, in die Kultur, in die Sprache etc. Ganz schön viel auf einmal für einen gerade mal Fünfzehnjährigen! Der erste Tag verlief gut, ich hatte ein positives Gefühl. Einige etwas hilfsbereitere und extrovertierte Klassenkameradinnen und Klassenkameraden nahmen mich in der Pause mit, fragten mich, welche Musik ich höre, was ich so in meiner Freizeit mache und stellten mich auch Mitschülerinnen und Mitschülern aus anderen Klassen vor.

Da sie hörten, dass ich mich in Sachen Musik ganz gut auskenne und selbst welche mache, war dies ein Türöffner für Begegnungen und Treffen auch außerhalb der Schule und für gemeinsame Unternehmungen mit den neuen Klassenkameraden. Ein musikbegeisterter Mitschüler, mit dem ich lange befreundet war, lud mich sogar zu sich nach Hause ein, wo er einen ausgebauten Keller voller Musikinstrumente hatte. Seine Mutter bewirtete uns mit selbstgemachten Hamburgern. Er hatte auch schon eine Band gegründet, zwei ihrer Mitglieder habe ich auch schnell kennengelernt.

Ich spielte Gitarre, sang einige Lieder, die ich schon im Kosovo gesungen hatte, und lernte natürlich neue dazu.

Ich war eher fixiert auf Rockbands aus den 70er Jahren, wie Led Zeppelin, Deep Purple und Pink Floyd. Meine neuen Freunde hörten eher Synthie-Pop und New Wave aus den Achtzigern, wie Depeche Mode und New Order, aber auch Police und Genesis. Das war am Anfang nicht so mein Geschmack, inzwischen finde ich sie aber auch ganz ok. Durch die gemeinsame Liebe zur Musik gelang es mir also, sprachliche und vermeintliche kulturelle Unterschiede zu durchbrechen und mich in der Klasse zu integrieren.
Im Unterricht dagegen war ich anfangs sehr still, obwohl ich von meiner Schule im Kosovo sehr viele Vorkenntnisse mitgebracht hatte und dort ein sehr guter Schüler gewesen war. Die Furcht, Worte nicht richtig aussprechen und meine Gedanken nicht richtig ausdrücken zu können, ließ mich zunächst verstummen – vielleicht auch die Angst, ausgelacht zu werden. Das ist zum Glück nie geschehen. Die meisten Mitschülerinnen und Mitschüler haben mich mit Respekt und Rücksicht behandelt.
Dieser Zustand der Stille, wie ich es im Nachhinein nenne, der für Monate, sogar mehr oder weniger die gesamte neunte und zehnte Klasse über anhielt, hat mich sehr belastet und traurig gemacht. Ich arbeitete zuhause sehr viel nach und versuchte wie ein Wahnsinniger, alle Texte zu verstehen.
Es war ein riesiger Druck, den ich mir auch selbst auferlegte. Die einzigen Fächer, in denen ich sehr sicher war und mich aktiv beteiligte, waren Englisch und Spanisch. Dort stieg ich innerhalb kürzester Zeit zu den Klassenbesten auf und erntete viel Lob und Anerkennung von den Lehrkräften und Mitschülern, aber auch Neid von einigen wenigen, die mich von Anfang an eher gemieden und mir ihre Abneigung offen gezeigt haben.

Diese haben auch immer wieder versucht, mich zu ärgern. Sie nutzten ihre angebliche Überlegenheit und meine sprachliche Unsicherheit schamlos aus und stichelten mit teilweise obszönen und unangemessenen Wörtern. Ich wehrte mich und versuchte ihnen klarzumachen, dass ich keinen Ärger möchte und dass sie damit aufhören sollen. Schnell merkten das die anderen Schüler, stellten sich auf meine Seite und nahmen mich in Schutz.
Sie zogen auch unsere Klassenlehrerin hinzu, die sofort intervenierte und diese «Spielchen», die manchmal wehgetan haben, im Keim erstickte. Sie rief bei den Eltern an und informierte sie über die Vorfälle. Die Autorität der Lehrerin zeigte Wirkung, «die Plagegeister» hörten sofort mit dem Quatsch auf und entschuldigten sich danach bei mir. Ich verzieh ihnen und die Sache war für mich abgeschlossen. Wir wurden zwar keine Freunde mehr, aber nach einigen Jahren traf ich einen der Jungs zufällig in einer Gelsenkirchener Disko wieder, wo er sich nochmals bei mir für sein Verhalten mir gegenüber entschuldigte. Ich hatte das längst vergessen und musste eher darüber lachen.
In der Zwischenzeit fühlte ich mich im Deutschen sicherer, verstand auch immer mehr von der deutschen Schulkultur und beteiligte mich öfter aktiv am Unterricht. Meine Noten wurden besser, in der zehnten Klasse schrieb ich eine gute Deutsch-Klassenarbeit, das Fach machte mir mittlerweile Spaß. Nur in Mathe und Physik hatte ich so meine Probleme, die mich auch in der Oberstufe weiter begleiten sollten.

Nach anderthalb Jahren in der Regelschule schaffte ich die Fachoberschulreife mit Qualifikation, das heißt, ich durfte auch die Oberstufe besuchen und Abitur machen. Zuvor hätte ich davon nicht mal zu träumen gewagt.

In der Oberstufe lernte ich viele Mitschülerinnen und Mitschüler kennen, mit denen ich mich richtig anfreundete. Ich gewann immer mehr an Selbstbewusstsein, was sich auch in meinen schulischen Leistungen widerspiegelte. Meine Leistungskurse Deutsch und Englisch machte ich sehr gern, ich begann zudem, Klassiker der deutschen Literatur, die ich früher nur aus Erzählungen und albanischen Übersetzungen kannte, im Original zu lesen. Ob Goethe, Schiller, Lessing, Mann, Kafka, Frisch, aber auch Kant und Hegel im Philosophie-Grundkurs – all die Autoren, dank derer Deutschland als das Land der Dichter und Denker gilt und beneidet wird, haben wir im Unterricht behandelt. Das war teilweise eine Herausforderung für mich als neuen Deutschsprecher, aber auch eine große Freude. Im Freundeskreis meiner Eltern gibt es viele Schriftsteller, ihnen erzählte ich gern von unserer neuesten Lektüre und dem Roman, den wir gerade in der Schule analysierten. Auch meine Freundin Naime Beqiraj, eine der besten Dichterinnen im Kosovo, fragt mich oft, wie es ist, diese großartigen Autoren im Original zu lesen. Ihr erzähle ich bis heute gern von meinen Erfahrungen mit der deutschen Sprache und Literatur.

Die Musik begleitete mich natürlich auch in der Oberstufe. Ich schloss mich der schon bestehenden Schülerband an und wurde ihr Leadsänger. Wir hatten in diesen drei Jahren zahlreiche Auftritte, die den Beginn meines musikalischen Schaffens sehr geprägt haben.

Wir durften im damaligen Hans-Sachs-Haus in Gelsenkirchen bei einem Wettbewerb der Schülerbands der Gelsenkirchener Schulen mitmachen und traten außerdem im kleinen Haus des Musiktheaters im Revier auf, um nur zwei zu nennen. Zu Abschluss- und Abiturfeiern unserer Schule standen wir regelmäßig auf der Bühne, zu unserer eigenen Abiturfeier traten wir – in Schlips und Kragen – ebenfalls auf.

Insgesamt betrachtet war die Schulzeit toll, trotz der Anfangsschwierigkeiten, die ja irgendwie auch dazugehören. Im Juni 1995 schaffte ich das Abitur mit relativ guten Noten und war stolz auf meine Leistungen, aber auch sehr erschöpft, denn die fünf Jahre waren schon eine große psychische und körperliche Herausforderung gewesen. Zur Belohnung fuhr ich für sechs Wochen in den Kosovo, wo ich seit vier Jahren wegen des Bürgerkrieges in Kroatien und Bosnien nicht gewesen war. Zu jener Zeit war ich noch jugoslawischer Staatsbürger und es hätte sein können, dass ich zum Militär in den Kriegsdienst eingezogen würde. Dies fanden meine Eltern so riskant, dass ich bis zum Abitur meine Sommerferien immer zu Hause oder in einem anderen Land hatte verbringen müssen.

Diesmal wollte ich aber unbedingt in meine Heimat. Meine Eltern stimmten meinem Plan halbherzig zu, weil sie natürlich Angst hatten, dass mir etwas passieren könnte. Zuvor hatte ich vom jugoslawischen Konsulat in Düsseldorf eine Bescheinigung erhalten, dass ich in Deutschland die Schule besuche und bald ein Studium beginnen werde. Dadurch sollte ich vorübergehend vom Militärdienst befreit werden, hieß es damals. Eine hundertprozentige Sicherheit war dies natürlich nicht, wenn man davon ausging, dass der Krieg in Bosnien noch wütete. Man konnte sich zu der damaligen Zeit auf nichts verlassen. Dennoch riskierte ich es und fuhr mit meiner Schwester zusammen mit dem Bus nach Prishtina. Während der Passkontrolle an der ungarisch-serbischen Grenze nahm ein serbischer Grenzpolizist meinen Reisepass und ging wortlos weg. Er kam so schnell nicht wieder. Meine Schwester und ich fragten den Busfahrer, wo er dann so lange bleibt und was mit mir passieren könnte. Wir zeigten ihm auch die Bescheinigung des Konsulats.

Er versuchte, uns zu beruhigen, denn wir hatten große Angst. Nach ca. einer Stunde sagte uns der Fahrer, wir müssten dem Grenzpolizisten 50 DM geben, damit ich meinen Reisepass zurückbekomme. Das tat ich natürlich und war froh, weiterreisen zu dürfen. Mit solchen «Gebühren» haben sich damals die Polizisten etwas dazuverdient. Wir wurden auch mehrmals innerhalb Serbiens und auf dem kosovarischen Gebiet von der Polizei angehalten. Sie stürmten in den Bus, pöbelten uns alle an und erwarteten vom Busfahrer oder auch von den anderen Fahrgästen irgendwelche Geschenke, in Form von Bargeld, Zigaretten, Schokolade oder Alkohol.

Alle Kosovo-Albaner, die damals über Serbien gefahren sind, können solche oder ähnliche Geschichten erzählen. Das Schlimmste waren die Demütigung und die Diskriminierung, die wir von den Polizisten erfuhren. Dazu kam auch die Angst und die Unsicherheit, die uns während der gesamten Fahrt begleitete. Nicht wenige sind auch körperlich misshandelt oder sogar verhaftet worden, einigen wurde auch das ganze Geld und das Reisegepäck weggenommen.

Im Kosovo selbst war noch kein Krieg, aber die politische und vor allem die wirtschaftliche Lage war sehr schlecht. Fast alle Fabriken waren geschlossen, viele Menschen hatten dadurch ihre Arbeit verloren. Weiterführende Schulen und die Universität Prishtina mussten schließen, weil sie nicht nach serbischen Lehrplänen unterrichten wollten. Als Reaktion auf den Druck hatten die Kosovo-Albaner ein Parallelsystem aufgebaut, mit dem sie ihren friedlichen Widerstand gegen das serbische Regime zum Ausdruck brachten. Der Unterricht und die Vorlesungen der Uni-Prishtina fanden in Privathäusern statt. Die Lehrkräfte und Professoren arbeiteten von 1991 bis zum Kriegsende 1999 ohne Lohn.

Ich erinnere mich an einen sehr traurigen Fall: während dieses Heimaturlaubs im Kosovo 1995 traf ich zufällig meinen ehemaligen Biologie-Lehrer, wie er auf dem Markt Eis verkaufte, um damit seine Familie zu ernähren. Er erkannte mich und ich begrüßte ihn herzlich. Er freute sich ebenfalls, mich nach 5 Jahren wieder zu sehen und er hatte schon gehört, dass wir jetzt in Deutschland leben. Vor Rührung musste ich weinen. Er hatte aber trotzdem seine Würde und seinen Stolz nicht verloren. Ich habe in diesem Moment daran gedacht, wie es gekommen wäre, wenn wir nicht schon vor fünf Jahren ausgewandert wären. Meine Eltern hätten ebenfalls ohne ihren Lehrerlohn arbeiten müssen und wir hätten im Kosovo keine Existenzgrundlage mehr gehabt.
Die Armut und die politische Unsicherheit hatte bereits Zehntausende zur Flucht und Auswanderung getrieben. Viele meiner Verwandten und Freunde konnte ich nicht sehen, weil sie gar nicht mehr da waren. Das war nicht so einfach zu verkraften. Trotz der schwierigen und traurigen Lage verbrachte ich eine sehr schöne Zeit in Kosovo. Ich machte auch dort Musik, trat in einigen Kneipen auf und lernte viele Musiker kennen.

Wie man Friedensaktivist wird

Wir hatten unsere Heimat verlassen, waren in Sicherheit und es ging uns wirtschaftlich gut in Deutschland. Aber so einfach war es nicht. Nicht nur meine Familie und ich, sondern fast alle aus dem Kosovo stammenden Migrantinnen und Migranten sahen es als ihre Pflicht an, den Landsleuten in der Heimat und in Deutschland zu helfen. Diese Hilfe war sehr vielfältig. Jeder hat an erster Stelle seine Familie finanziell unterstützt. Für die Lehrkräfte im Kosovo, die seit Jahren ohne Lohn arbeiteten, wurde ebenfalls regelmäßig gespendet. Später führte die Exilregierung des Kosovo, die damals in Deutschland tätig war, eine freiwillige Abgabe von 3% des Lohns der kosovarischen Arbeitnehmer für die Heimat ein. Die meisten beteiligten sich daran. Außerdem wurden damals schon Hilfstransporte mit Lebensmitteln, Kleidung, Medikamenten und anderen Gütern organisiert. Auch deutsche Wohlfahrtsverbände, Initiativen und Privatpersonen spendeten viel Geld und halfen den immer zahlreicheren Flüchtlingen bei der Ankunft und Integration in Deutschland.

Die akute, konkrete Hilfe war also ein wichtiger Bestandteil dieser Aktivitäten. Der andere Bereich war die Öffentlichkeitsarbeit. Kosovo war damals in der deutschen Bevölkerung kaum bekannt. Die meisten Deutschen kannten Jugoslawien als Urlaubsziel und haben in den 70er und 80er Jahren gerne ihre Sommerferien an der kroatischen und montenegrinischen Küste verbracht. Der damalige Staatspräsident Tito und Jugoslawien genossen ein hohes Ansehen überall in den westlichen Ländern, ja sogar auf der ganzen Welt.

Deswegen war es anfangs sehr schwierig und wir stießen oft auf Widerstand und Ablehnung, wenn wir auf die Unterdrückung der albanischen Bevölkerung im Kosovo und in weiteren Teilen Jugoslawiens aufmerksam machen wollten. Es hieß oft, «was wollt ihr eigentlich, euch geht es gut in Jugoslawien, warum könnt ihr nicht mit den anderen friedlich zusammenleben?»

Dieses eher romantische Jugoslawienbild war längst Geschichte. Jugoslawien gab es in der früheren Form nicht mehr. Der Krieg in Kroatien und Bosnien hatte bereits gezeigt, zu welch Grausamkeiten extremistischer Nationalismus führen kann. Erst durch das Massaker von Srebrenica in Bosnien im Jahr 1995, bei dem über 8000 bosnisch-muslimische Männer und Jungen gezielt von serbischen Freischärlern erschossen wurden, wurde die Weltöffentlichkeit wachgerüttelt und zur militärischen und politischen Intervention gezwungen. Das Abkommen von Dayton in den USA brachte Serbien, Kroatien und Bosnien an den Verhandlungstisch. Der Krieg war beendet, aber längst nicht alle Probleme gelöst. Über die Kosovo-Frage wurde in Dayton nicht verhandelt. Das war ein weiteres Indiz dafür, dass der Konflikt im Kosovo nicht ernst genommen wurde.

Wie bereits gesagt, verschlechterte sich die Lage im Kosovo von Tag zu Tag. Eigentlich war sie schon schlecht gewesen, als wir noch dort waren. Nach der Emigration mussten wir uns einerseits im neuen Land zurechtfinden und unseren Alltag überstehen, andererseits war uns das Schicksal unserer Heimat nicht egal. Wir versuchten, alle zur Verfügung stehenden Informationen über die neuesten Entwicklungen zu bekommen, was damals nicht einfach war. Es gab zwar schon Satellitenfernsehen, aber die Sendungen zur Lage im Kosovo im albanischen Fernsehen waren sehr spärlich.

Der damalige kosovo-albanische Fernsehsender RTP, Radiotelevizioni i Prishtinës, wurde schon im Juli 1990 geschlossen. Wir hörten Sendungen im kroatischen Rundfunk, bei der Deutschen Welle, beim Radio Free Europe, The Voice of America etc. und kauften verschiedene albanische Zeitungen und Zeitschriften, die inzwischen in der Schweiz und auch in Deutschland gedruckt wurden.
Mit Hilfe von deutschen Friedensaktivisten, von verschiedenen politischen Parteien und anderen Organisationen begannen wir, in Gelsenkirchen und Umgebung Informationsveranstaltungen über die Lage im Kosovo abzuhalten. Dabei stellten wir immer wieder klar, dass wir nicht gegen das serbische Volk sind, was uns manchmal vorgeworfen wurde. Der damalige serbische Präsident Slobodan Milosevic führte durch seine nationalistische und militaristische Politik auch das eigene Volk in die Armut und Isolation. Viele junge serbische Soldaten und andere unschuldige Menschen wurden ebenfalls zu Opfern dieses Regimes.

Wir berichteten über das Land Kosovo, die Kultur, die Bevölkerungszusammensetzung, die Geschichte und die aktuelle schwierige Lage. Oft übernahm ich die Übersetzung der Reden, wenn Landsleute oder andere Referenten sprechen wollten, die sich im Deutschen unsicher waren. Oder ich übersetzte die deutschen Reden und Beiträge ins Albanische. Zwischendurch sang ich mit meiner Schwester Filloreta zusammen das eine oder andere Lied. Viele Familien brachten auch Spezialitäten aus der albanischen Küche mit, um die Anwesenden zu bewirten. Es war immer eine gute und warmherzige Atmosphäre. Die Resonanz in der deutschen Bevölkerung war groß. Dazu kamen die vielen Demonstrationen, die teilweise lokal, aber auch bundesweit stattfanden.

Sie wurden von verschiedenen Vereinen und vom deutschen Ableger der LDK (Demokratischer Bund Kosovos) organisiert. Die größten fanden im Laufe der 90er Jahre in Bonn statt, wo Tausende von Menschen aus ganz Europa zusammenkamen, um gegen die Gewalt im Kosovo und für eine friedliche Lösung des Konfliktes zu demonstrieren.
Wer hätte also vor einigen Jahren gedacht, dass ich irgendwann in Deutschland Aktivist werde! Damals wusste ich nicht einmal, was das heißt.

«Augen zu, Musik an, solang' ich denken kann» *(Bosse)*

Dieser großartige Song des deutschen Sängers und Liedermachers Bosse gibt auch meinen Bezug zur Musik wieder. «Solang' ich denken kann» finde ich Musik sehr wichtig, sogar lebensnotwendig. Sie hat mich immer schon begleitet, wenn ich froh war, und sie hat mir über schwere Stunden und Zeiten hinweggeholfen, wenn ich traurig war.

Schon als Kleinkind soll ich Lieder aus dem Radio mitgelallt und mitgeträllert haben, erzählt man in der Familie. Und meiner Oma soll ich, wenn sie mich ins Bett brachte, jeweils vorgeschrieben haben, welches Lied sie mir vorsingen muss, damit ich dann einschlafe. Daran kann ich mich natürlich nicht erinnern. Meine Erinnerungen setzen erst damit ein, dass meine Schwester und ich unseren ersten Fernsehauftritt in der Kindersendung «Mozaiku» im staatlichen Sender RTP hatten. Es muss 1978 oder 1979 gewesen sein. Meine Schwester hat in der Sendung ein Märchen erzählt, ich habe gesagt, ich sei noch klein, ich begleite nur meine Schwester. Während der Sendung soll ich eingeschlafen sein, weil es im TV-Studio wegen der Beleuchtung sehr warm war. Es sind nur kleine Sequenzen, an die ich mich erinnere, und dass wir uns die Aufzeichnung später im Fernsehen angeschaut haben.

Mein erstes Musikinstrument, die traditionelle albanische «çifteli», ein zweisaitiges, mandolinenähnliches Instrument, habe ich mit sechs Jahren bekommen. Meine Tante und mein Onkel, die sehr musikaffin sind, haben mir die ersten Griffe und dazu passende Lieder beigebracht. Mein Vater ist in diesem Bereich leider nicht so talentiert.

Er musste zwar als Grundschullehrer Mandoline oder etwas anderes spielen können und hat das nach vielem Üben auch einigermaßen hinbekommen, aber Singen geht gar nicht, er trifft keinen einzigen richtigen Ton. Meine Mutter schon, sie konnte schön singen.
Langsam wurden meine Finger flinker und ich traute mir immer schwierigere Melodien und Harmonien zu. In der Grundschule habe ich oft bei der Zeugnisausgabe oder auch zu anderen Festen gespielt und gesungen.
Es muss in der fünften Klasse gewesen sein, als ich meine erste Kindergitarre zum Geburtstag geschenkt bekam. Die Gitarre kannte ich bisher nur aus dem Fernsehen: es war sehr aufregend, von nun an selbst ein Instrument mit sechs Saiten zu spielen. Die einfachen Akkorde lernte ich selbst, später meldete mich meine Mutter zu einem Gitarrenkurs im Kultur- und Sportpalast der Stadt an, wie es damals hieß. Ich glaube, ich war der jüngste Teilnehmer. Alle anderen waren Studenten, Abiturienten oder Erwachsene im Alter meiner Eltern. Der Gitarrenlehrer war aber nicht weiterzuempfehlen. Er war sehr autoritär, ungeduldig und hatte null pädagogisches Geschick. Oft kam er zu spät oder gar nicht zum Unterricht, ließ uns vergeblich vor der Tür warten. Der Kurs sollte drei Monate dauern, aber wenn man die ausgefallenen Stunden mitrechnete, hat er gar nicht so oft stattgefunden. Ich hatte ehrlich gestanden auch keine Lust mehr. Viel Glück hatte ich dagegen mit meinem Musiklehrer in der Schule. Aus heutiger Sicht würde ich behaupten, dass er der Auslöser war, der mir Musik so schmackhaft gemacht hat, dass ich seit nunmehr fast 40 Jahren aktiv musiziere. Er war zwar ebenfalls sehr streng und autoritär, zugleich aber sehr gerecht, motivierend und hochprofessionell. Er schaffte es auch, aus uns Kindern eine richtig gute Schülerband zusammenzuzimmern.

Wir probten zweimal pro Woche, traten oft an Schulfesten, aber auch in größeren Hallen der Stadt auf. Ein richtig guter Typ, dieser Nexhat Ibrahimi aus Prizren. Ich habe ihn seit 1990 leider nicht mehr getroffen.

Parallel zu der Schülerband waren meine Schwester und ich auch in anderen Musikvereinen aktiv. Der Kultur wurde damals seitens des Staates eine hohe Bedeutung beigemessen. Nicht nur jede Stadt, sondern fast jedes Viertel und jedes Dorf verfügte über einen eigenen Musikverein. «Shoqëri kulturo-artistike» (Kultur- und Kunstgesellschaften) hießen sie. Jeder, der singen oder tanzen wollte, konnte mitmachen. Wir brauchten auch keine Mitgliederbeiträge zu zahlen. Die Instrumente brachten wir mit und die Proberäume wurden gestellt, meist improvisiert irgendwo in Verwaltungsgebäuden oder Sporthallen, aber das war damals auch nicht so wichtig. Wesentlich war, dass unsere Lust aufs Musikmachen geweckt und gefördert wurde.

Wir waren zunächst im Verein «Azem Bejta», der nach einem albanischen Helden benannt war und wo viele mittlerweile bekannte Künstlerinnen und Künstler ihre Karriere gestartet haben. Die Proberäume waren bei uns in der Nähe. Ich weiß nicht mehr, warum wir nicht lange in diesem Verein geblieben sind. Jedenfalls haben wir dann zum neu gegründeten Verein «Postieri» (Der Postbote) gewechselt, der von der staatlichen Postbehörde getragen wurde. Geprobt haben wir im schicken, neu gebauten Postgebäude in Ulpiana, einem neueren und moderneren Stadtviertel von Prishtina. In diesem Verein haben wir dann ein paar Monate mitgemacht. Einige Mitglieder kannten wir schon aus anderen Vereinen. Es gab eine Musikerszene in Prishtina, man kannte sich. Das Auftaktkonzert gaben wir im Foyer des großen Postgebäudes, es kamen sehr viele Leute.

Aufgeregt waren wir schon, obwohl wir bereits einige Auftritte hinter uns hatten.
Aber auch beim Postboten blieben wir nicht lange.
Probleme oder Ähnliches gab es nicht, aber vielleicht war es doch nicht die richtige Gemeinschaft, um unsere Talente genügend zu fördern.
Schließlich fingen wir beim bekannten Verein «Minatori i ri» (Der junge Bergmann) an, in dem wir bis zur Auswanderung aktiv waren. Dieser wurde in den 70er Jahren von der Zeche «Kishnica» in der Nähe von Prishtina gegründet, geleitet und finanziell gefördert. Hier hatten etliche Musikstars ihre ersten musikalischen Schritte gemacht. Nazife Bunjaku zum Beispiel, die jetzt in den USA lebt und immer noch Musik macht. Unter den Mitgliedern gab es tatsächlich einige Bergleute. Geprobt haben wir in einigen sehr kleinen Räumen des Kultur- und Sportpalastes, wo auch andere Vereine ihre Proberäume hatten. Die Arbeitsbedingungen waren also nicht optimal, aber menschlich funktionierte es zwischen den Vereinsmitgliedern sehr gut. Das ist immer eine der wichtigsten Grundlagen für kreatives Arbeiten. Meine Schwester und ich waren die jüngsten Musiker, sozusagen die Küken des Vereins, deswegen genossen wir Welpenschutz und alle kümmerten sich um uns. Ich spielte im Orchester, sang einige Solostücke und oft die zweite oder dritte Stimme im Hintergrundchor der Männer. Meine Schwester spielte teilweise Schellenkranz, sang mit mir im Duett und im Frauenchor. Es gab mehrere Formationen, sogar Tänzerinnen und Tänzer, die Volks- und zeitgemäße Tänze einstudierten.
Die Proben wurden sehr ernst genommen, alle mussten regelmäßig und pünktlich erscheinen. Wer das nicht tat, musste den Verein verlassen.

Die künstlerischen Leiter waren streng, ließen aber auch andere Meinungen und Vorschläge zu und diktierten nicht alles. Überhaupt wurde damals sehr penibel, lange und gewissenhaft geprobt, bis die Musiker bühnenreif waren. Auf die richtige Intonation, vernünftige Phrasierung und deutliche Aussprache der Texte wie auch auf würdige Bühnenpräsenz und Interpretation wurde sehr viel Wert gelegt.

Unser erstes, großes Konzert fand erst nach anderthalb Jahren intensiver Probearbeit in der ehrwürdigen «salla e kuqe» (Roter Saal) des Kulturpalastes statt. Dieser Saal war eigentlich für klassische Konzerte konzipiert, ein riesiger Flügel stand auf der Bühne. Aufgrund des knappen Angebots an Sälen wurde er aber auch für andere Musikgenres genutzt. Wir waren stolz und froh, dass wir als Heranwachsende in diesem Saal auftreten durften. Wir bekamen authentische Nationaltrachten, die wir aber nur zu diesem Konzert tragen durften. Da sie sehr teuer waren, durften wir sie auch nicht mit nach Hause nehmen. Es gab damals nur einige vereinzelte Künstler, die solche Trachten gekauft hatten. Wir anderen konnten sie uns schlicht nicht leisten.

Der rote Saal war brechend voll. Alle waren total aufgeregt. Meiner Schwester und mir war vor Nervosität ganz schlecht, da wir mit einem Duett ziemlich am Anfang des Konzertes an der Reihe waren. Der musikalische Leiter beruhigte und ermutigte uns, dass wir das Publikum auf unserer Seite haben und dass wir unser Lied richtig gut singen werden. Es war das durchgängig zweistimmig gesungene südalbanische Volkslied «Çobankat që shkojnë zallit» (Die Schäferinnen, die am Strand entlanglaufen), glaube ich. Vor Aufregung fehlen mir diese 3-4 Minuten in meiner Erinnerung. Ich entsinne mich nur an den langen Applaus, an die Bravo-Rufe aus dem Publikum und an die Erleichterung, die wir verspürten, als wir

diesen wichtigen Auftritt erfolgreich über die Bühne gebracht hatten.
Ein absolutes Highlight in unserer Karriere. Das sind die Momente, die bleiben. Nichts auf dieser Welt kann diese Freude und dieses besondere Gefühl ersetzen.
Ein weiterer Meilenstein unseres musikalischen Schaffens im Kosovo war zweifellos unser erster richtiger Fernsehauftritt im Sommer 1988. Unser Manager, (der damals nicht so hieß, sondern den Titel Vereinsvorsitzender trug), hatte uns schon lange versprochen, dass er sich um einen Auftritt im staatlichen Sender RTP kümmern werde. Es hat zwar etwas länger gedauert, bis wir dran waren, aber irgendwann war es soweit. Wir sollten ein 45-minütiges Programm auf die Beine stellen! Der künstlerische Leiter überbrachte uns diese freudige Nachricht während der Proben und wir konnten es nicht glauben. Waren wir wirklich so gut geworden, dass wir sogar im Fernsehen zu sehen sein würden? Damals gab es keine Casting-Shows und Youtube, wo jeder glaubt, singen und auftreten zu können. Für einen solchen Auftritt musste man jahrelang richtig hart schuften. Die Sendung erreichte dann aber Super-Einschaltquoten, weil es nur zwei TV-Sender gab.
Die Lieder nahmen wir im Tonstudio von Radio Prishtina auf. Das ganze Orchester spielte live, auch der Gesang wurde live aufgenommen. Alle mussten also hochkonzentriert arbeiten, weil es aus Zeitgründen keine häufigen Wiederholungen geben durfte. Ich wüsste nicht, dass es damals schon private Tonstudios gab. Alle Aufnahmen wurden hier gemacht, ob Pop, Rock, Klassik, Schlager oder Volksmusik. Die Aufzeichnung fand im Studio 2 statt, es war sehr heiß an diesem Sommertag.
Und während der Aufnahmen wurde es durch die Beleuchtung noch heißer. Den Regisseur kannten wir aus dem Fernsehen.

Er war bekannt und wir hatten Respekt und Ehrfurcht vor ihm. Er war etwas selbstherrlich und hatte Starallüren. Vielleicht waren wir ihm nicht bekannt genug und er betrachtete uns als blutjunge Amateure. Natürlich war es für die meisten von uns tatsächlich die erste TV-Aufzeichnung und dementsprechend groß war auch die Aufregung. Der Regisseur wurde schnell ungeduldig, wenn nicht alle nach seiner Pfeife tanzten und wenn Szenen wiederholt werden mussten.
Ich glaube, er war eher gewohnt, mit richtigen Stars zu arbeiten und empfand die Arbeit mit uns als lästige Pflicht. Trotzdem war es eine wichtige Erfahrung für uns alle, denn wir erfuhren, wie es ist, mit diesen zu Narzissmus und Selbstdarstellung neigenden Stars zusammenzuarbeiten.
Die Sendung wurde gut, wir schauten sie damals mit der ganzen Familie an. Meine Oma, meine Eltern und die anderen Anwesenden weinten vor Rührung. Einen Videorecorder, um sie aufzunehmen, hatten wir nicht. Erst einige Jahre später, in Deutschland, haben wir eine Aufzeichnung dieser Aufnahme von einer Bekannten meiner Mutter bekommen. Sie lebte schon länger in Deutschland und hatte die Sendung während eines Heimaturlaubs im Kosovo aufgenommen, um sie in Deutschland anzuschauen, wenn sie heimatliche Klänge hören wollte. Einmal haben wir sie mit unserer Mutter besucht. Da hat sie meine Schwester und mich gefragt, ob wir Musik machen und im Fernsehen waren. Wir hatten davor nicht die Hoffnung, die Aufnahme nochmals zu sehen zu bekommen. Die Bekannte aber hatte sie tatsächlich auf dem VHS-Videoband, das sie uns später sogar schenkte. Wir mussten lachen, als wir uns so eingeschüchtert und ängstlich sahen. Der Regisseur hätte schon etwas netter sein können und uns mehr zum Lächeln animieren sollen! Er war aber zu sehr mit seinem Starsein beschäftigt.

Von ABBA bis Zappa oder wie ich Hochzeitssänger wurde

Mit der neuen Schule, mit der Schülerband und all den anderen Neuigkeiten im neuen Land war ich bisher eigentlich ganz ausgelastet. Es sollte aber anders kommen. Wir saßen eines Abends mit einigen Freunden in einer gutbürgerlichen Kneipe in Gelsenkirchen und tranken ein frisch gezapftes Pils. Nebenan, im Festsaal, war eine Privatfeier und man hörte heraus, dass jemand live spielte. Wir hörten kurz zu und machten uns darüber etwas lustig, denn es war eher Unterhaltungsmusik, also deutsche Schlager und Volksmusik. Wir wollten damals Rockstars werden, mit einem solchen Kitsch wollten wir doch nichts zu tun haben! Ich hatte schon zuvor in der Schule und im deutschen Freundeskreis mitbekommen, dass hier niemand Schlager hörte, oder dass es keiner zugeben wollte und dass deutschsprachige Musik überhaupt sehr kritisch beäugt wurde.

Im Laufe des Abends wurde es immer lustiger, nach ein paar Gläsern Bier natürlich. Der Keyboarder der Band machte an der Theke Pause und wir kamen ins Gespräch. Er war älter und erzählte, dass er seit über 20 Jahren jedes Wochenende Unterhaltungsmusik macht. Uns interessierte, wie die Resonanz des Publikums ist. An Geld dachten wir gar nicht, so idealistisch waren wir damals. Er erzählte, dass die meisten Leute Schlager mögen, auch diejenigen, die das abstreiten. Mit dem Veranstalter werde ein fester Stundenlohn vereinbart, gebucht werden müssten mindestens fünf Stunden. Zu tun gebe es genug, er sei jedes Wochenende irgendwo im Ruhrgebiet unterwegs und könne noch jemanden gebrauchen, der englischsprachige Hits und Oldies singen kann. Sein Englisch sei schlecht, er sei eher auf alte deutsche Schlager und Chansons spezialisiert.

Seine Stimme klang wirklich gut und passte auch sehr gut zu diesem Genre. Einer meiner Kumpels erzählte ihm, dass ich schon länger singe und vielleicht Bock darauf hätte. Dann fragte mich der Musiker, ob ich spontan etwas zum Besten geben würde. Ich hatte mir etwas Mut angetrunken und stimmte zu. Wenn ich mich recht erinnere, haben wir die Ballade «Hello» von Lionel Richie gespielt, sogar in der Originaltonart A-Moll! Ich konnte damals höher singen als jetzt, meine Stimme ist mit den Jahren reifer und tiefer geworden. Die Begleitung war nicht optimal, die Musiker rutschten ständig in A-Dur und kannten den Aufbau des Songs nicht sehr gut. Egal, das Ehepaar, das seine Silberhochzeit feierte, tanzte dazu eng umschlungen und bedankte sich bei mir herzlich für das Ständchen. Eigentlich war es ein gutes Gefühl, auch bei solchen Feiern zu spielen. Ich war sehr nah am Publikum und bekam sofort an den Reaktionen mit, ob es den Leuten gefiel oder nicht. Es war schon eine andere Art, Musik zu machen, aber irgendwie reizte es mich.
Der Musiker fand es gut, fragte mich, wo ich denn so früh singen gelernt hätte, vor allem die Töne so sauber zu treffen. Ich schilderte ihm kurz meinen musikalischen Werdegang im Kosovo. Daraufhin schlug er mir vor, mit ihm und seinen Kumpels mal zu proben und eventuell beim nächsten Auftritt mitzumachen. Ich war mir unsicher. Ich kannte noch nicht besonders viele deutsche Lieder, wusste auch nicht, ob ich den Erwartungen entsprechen würde. Bis dahin kannte ich Matthias Reim, der Anfang der Neunziger sehr erfolgreich war, «Verdammt ich lieb' dich» war 1990 der Tophit. Auch von Jürgen Drews und Roland Kaiser hatte ich einige Schlager gehört, desgleichen von Marianne Rosenberg. In einer kleinen Disko in Gelsenkirchen-Mitte mit dem nicht allzu originellen Namen «Dirty Dancing» liefen Songs wie beispielsweise «So wie im Film», «Ich glaub' es geht

schon wieder los» und «Marleen» rauf und runter. Aber ältere Lieder kannte ich nicht, woher auch. Im Kosovo kannten wir aus der deutschsprachigen Musik nur den österreichischen Superstar Falco, die Scorpions und Modern Talking. Gut, die letzten beiden sangen ja auf Englisch. Vielleicht noch die Urväter der elektronischen Musik, die Band Kraftwerk aus Düsseldorf. Aber mehr auch nicht. Ich dachte mir, was hast du zu verlieren. Wir verabredeten uns für nächste Woche.

Geprobt wurde in einem kleinen Raum, in dem eine ältere Gesangsanlage aufgebaut war. Ich schaute mir die Ordner mit den Texten und Noten an und war erschlagen. Fast 500 Lieder hatten sie im Repertoire! Wie sollte ich mir das alles aneignen? Meine Güte! Ich wollte eigentlich schon gehen. Die beiden schlugen vor, ich sollte zunächst die englischen Oldies übernehmen, die deutschen Stücke würde ich dann im Laufe der Zeit lernen oder die Hintergrundstimme dazu singen. Wir fingen an mit den Oldies «Baby, come back», «Bye, bye love» und «Is this the way to Amarillo». Ich hatte auch meine Gitarre mitgebracht. Die Band spielte damals in verschiedener Besetzung, je nachdem, was der Veranstalter zu zahlen bereit war. Mal zu zweit, mal zu dritt oder sogar zu sechst. Die anderen Musiker lernte ich dann später bei größeren Veranstaltungen kennen.

So begann ich also, Unterhaltungsmusik zu machen. Der erste Auftritt war zu Karneval in einer Seniorenresidenz in Bochum-Wattenscheid. Eine sehr gute Stimmung im kleinen Saal, die Bewohnerinnen und Bewohner hatten sich verkleidet, es gab Kaffee und Kuchen und später Würstchen mit Kartoffelsalat.

Bis auf die drei oben erwähnten Stücke habe ich mich hier erst zurückgehalten, denn die Karnevalslieder kannte ich überhaupt nicht.

Dann kam noch der kölsche Dialekt dazu.

Oder Schunkellieder aus dem Rheinland wie «Trink, trink, Brüderlein trink». Da habe ich gedacht, Mensch, du musst noch viel lernen, um deutsche Musik machen zu können!

In den nächsten Wochen und Monaten probten wir oft. Ich begann, mich so langsam in das Programm einzuarbeiten und ein Gefühl für deutschsprachige Musik zu entwickeln. Leicht war es nicht. Denn es folgten bereits die nächsten Auftritte, wo ich mich schon beweisen musste. Anfang der Neunzigerjahre wurde in Kneipen und insbesondere zu Familienfeiern sehr viel live gespielt. Discjockeys legten in Diskos auf, nicht auf Hochzeiten. Es gehörte also dazu, eine Liveband zu engagieren. Damals gab es noch viele bürgerliche Lokale mit Festsälen, die jedes Wochenende ausgebucht waren. Wir verdienten zwar nicht viel, aber die Kontinuität und die Zuverlässigkeit der Auftraggeber garantierten ein gewisses festes Einkommen. Es lief fast alles über Mundpropaganda. Wir spielten irgendwo auf einer Hochzeit, andere Gäste sahen und hörten uns und buchten uns für ihren nächsten Geburtstag. Oder empfahlen uns weiter. Internet, Homepage? Gab's nicht.

Fast jeden Samstag war ich unterwegs. Jeden Dienstagnachmittag probten wir. Und das alles parallel zur Schulzeit. Ich war damals in der elften Klasse der Oberstufe und musste einiges tun für die Schule. Keine Ahnung, woher ich die ganze Energie hernahm. In der Schule hatte sich schon herumgesprochen, ich sei Schlagersänger. Einige haben bestimmt gedacht, ich sei durchgedreht. Wie konnte es sein, dass ein Led Zeppelin-Fan «Capri Fischer» oder «Aber dich gibt's nur einmal für mich» singt? Das passte nicht zusammen. Mir war es egal, dass ich deswegen von einigen belächelt wurde.

Schlager waren ja nicht cool damals, im Trend waren eher Techno und Eurodance.

Aber wenn sie auf Feiern einen über den Durst getrunken hatten, konnten plötzlich alle die Schlager mitgrölen. Diese Verkrampftheit einiger Leute gegenüber verschiedener Musikstilen ist mir bis heute suspekt geblieben. Dazu habe ich mir eine eigene Theorie entwickelt:

Schon in den frühen fünfziger und sechziger Jahren wurden Musiker nichtdeutscher Herkunft mit deutschen Schlagern berühmt. Die US-Amerikanerin Connie Francis beispielsweise war eine der ersten, die mit dem Kassenschlager «Schöner fremder Mann» und vielen anderen Hits berühmt wurde. Auch Roberto Blanco, Karel Gott, Costa Cordalis, Howard Carpendale, Dunja Rajter, Bata Ilic und viele andere sangen gern deutsche Schlager und gingen mit ihnen nicht so hart ins Gericht wie viele deutsche Künstler. Einige behaupten, der ausländische Akzent hätte die Lieder zu etwas Besonderem gemacht. Durch die Künstler fühlten sich die Deutschen wie im Urlaub in Griechenland oder in Kroatien.

Mittlerweile genießt deutschsprachige Musik eine höhere Akzeptanz in der Bevölkerung, aber viele hadern noch immer mit ihr. Die Ambivalenz von damals ist noch zu merken. Desgleichen die Tradition, dass zugewanderte Künstlerinnen und Künstler in der Schlagerszene sehr aktiv sind.

Der absolute Schlager-Superstar Helene Fischer, wie auch Ross Anthony, Giovanni Zarrella, Maite Kelly, Vanessa Mai und wie sie alle heißen, haben durchwegs eine andere Muttersprache. Sie denken nicht viel darüber nach, ob es richtig oder gar «nationalistisch» ist, auf Deutsch zu singen. Sie tun es einfach und sind damit sehr erfolgreich. Warum soll es auch nicht richtig sein?

Ich machte immer mehr musikalische Erfahrungen, kam sehr viel herum, lernte viele Leute kennen, und, was nicht ganz unwichtig war, verdiente mein eigenes Geld und brauchte meine Eltern nicht um Taschengeld zu bitten.

Diese frühe finanzielle Unabhängigkeit fand ich schon sehr gut, sie hat mich auch selbstbewusster und selbstständiger gemacht. Ich konnte mir gute Klamotten leisten, ging mit Freunden aus und konnte mit meinem selbstverdienten Geld sogar in Urlaub fahren. Also, wie die Ärzte sangen, «Lass die Leute reden».

Insgesamt habe ich von 1993 bis 2010 aktiv Tanz- und Unterhaltungsmusik gemacht. Ganze 17 Jahre war ich fast jeden Samstag, manchmal auch freitags, irgendwo im Ruhrgebiet oder darüber hinaus auf der Bühne. Meine gesamte Schul- und Studienzeit habe ich mit Musizieren finanziert. Es war eine ereignisreiche, schnelle und lehrreiche Zeit. Ich habe sehr viele Menschen kennengelernt, zu einigen pflege ich den Kontakt noch heute. Durch die Musik habe ich also Einblicke in die Feierkultur, in die Bräuche und die Traditionen der Deutschen gewinnen können. Auch Prominente aus der Politik habe ich getroffen. Der bekannteste war der ehemalige nordrhein-westfälische Ministerpräsident und spätere Bundespräsident Johannes Rau. Er kam spontan zu einer Geburtstagsfeier des ehemaligen Bürgermeisters von Solingen, mit dem er befreundet war. Ganz zufällig waren wir zu dieser Feier gebucht. Ein sehr freundlicher, zugewandter Mann! Oder die ehemalige Präsidentin des Deutschen Bundestages, Annemarie Renger. Sie trafen wir bei einer Veranstaltung ihrer Partei in einem Hotel in Gladbeck. Kommunalpolitiker trafen wir ebenfalls häufig.

Aber auch andere Musiker habe ich kennenlernen dürfen. Mit dem Ruhrpottmusiker schlechthin, Erwin Weiss aus Castrop-Rauxel, besser bekannt als «Ährwin», teilten wir Anfang der neunziger Jahre die Garderobe, als wir zur Weiberfastnacht in Recklinghausen einen Auftritt hatten.

Er hatte schon in den 70er Jahren mit Hits wie «Da kenn ich nix, da bleib ich Kumpel» oder «Ich bau' mich mein Häusken nur anne Ruhr» einen regionalen Bekanntheitsgrad erreicht und machte später auch Fanmusik für Schalke 04. Oder den Schlagersänger Randolph Rose, der schon 1971 mit «Silvermoon Baby» berühmt wurde und aktuell mit «100 Jahre sind noch zu kurz für eine große Liebe» in den deutschen Charts ist. Ihn traf ich bei einer Benefizveranstaltung in Gelsenkirchen-Buer. Total nette und freundliche Typen, ganz ohne Starallüren.

Es gab aber auch Musikerkollegen, die genauso wie wir Tanzmusik machten und unbekannt waren, sich aber divenhaft benahmen. Sie grüßten niemanden, aßen nicht vom gemeinsamen Buffet, bestellten extra à la Carte und waren total hochnäsig. Meist sangen sie auch noch schief. Solche Typen waren mir immer zuwider.

So viele Paare haben wir zu ihrer Hochzeit, Silberhochzeit oder gar Goldenen Hochzeit begleiten dürfen. An so vielen Geburtstagen, Jubiläumsfeiern, Weihnachtsfeiern, Vereinsfeiern, Karnevalssitzungen, Benefizgalas, Abibällen etc. haben wir für gute Stimmung gesorgt. Es war eine höchstemotionale, aber auch eine sehr anstrengende Zeit. Manchmal hatte ich gar keine Lust, wäre lieber mit meinen Kumpels selbst feiern gegangen. Oder einfach ein freies Wochenende genießen. Aber die Pflicht habe ich immer erfüllt und habe nie einen Auftritt abgesagt. Auch mit Erkältung nicht. Irgendwie musste es ja weitergehen.

Eine unvergessliche Zeit. Oder wie Ährwin sang:

«Sing doch endlich mal ein schönet Lied von Herne,
von Wanne-Eickel oder Gelsenkirchen-Buer,
sing von Wattenscheid und sing von Bochum-Werne,
und hau' mich ab mit deine blöden Côte d'Azur!»

Albanie, mon amour!
Albaner aus Tirana trifft Albaner aus Prishtina in Gelsenkirchen

Ich werde oft von meinen deutschen Freunden und Bekannten gefragt, was der Unterschied zwischen Albanern aus Albanien und Kosovo-Albanern sei. Ich antworte schnell, «es gibt gar keinen». Wir sind ein Volk, sprechen dieselbe Sprache, natürlich je nach Region in verschiedenen Dialekten, wie das auch bei anderen Sprachen der Fall ist. Es gibt zwei große Dialekte. Im Süden von Albanien spricht man Toskisch, im Norden Gegisch, ebenso im Kosovo. Die Schriftsprache ist aber einheitlich. Wir pflegen gleiche oder ähnliche Traditionen und Bräuche, essen gleiche oder ähnliche Gerichte und hören und singen gleiche, aber auch unterschiedliche Lieder. Der albanischsprachige Sprachraum umfasst das heutige Gebiet Albaniens, Kosovo, Westmazedonien, Südmontenegro und Gebiete in Südserbien. Und einige Millionen Auswanderer auf der ganzen Welt gehören auch dazu. Unterschiede gibt es natürlich, sie sind auch normal. Wir leben seit über 100 Jahren in verschiedenen Staaten und sind teilweise anders geprägt worden.
Aber warum leben Albaner nicht in einem Staat? Wann und warum wurden sie getrennt?
Alle benannten Gebiete gehörten über 500 Jahre zum Osmanischen Reich. Bis 1912. In diesem Jahr erklärte sich das heutige Albanien für unabhängig. 1913 wurde die Unabhängigkeit von den damaligen Großmächten anerkannt und unterstützt. Einen großen Verdienst bei der Unabhängigkeitserklärung hatten selbstverständlich viele mutige Kämpfer aus allen albanischen Gebieten.

Um den diplomatischen Teil kümmerten sich albanische Auswanderer in den USA oder aus dem Exil zurückgekehrte Intellektuelle, Schriftsteller und Diplomaten, die teilweise im Dienste des Osmanisches Reiches waren.
Das Gebiet des heutigen Kosovo allerdings wurde Serbien zugesprochen. Serbien betrachtet bis heute Kosovo als Teil des eigenen Staatsterritoriums, weil es dort für die serbische nationale Identität wichtige christlich-orthodoxe Klöster und Kirchen gibt und wegen der dortigen serbischen Bevölkerungsminderheit. 1389 fand die berühmte Schlacht auf dem Amselfeld nahe Prishtina statt, bei der die Serben und ihre Verbündeten den Kampf gegen die osmanischen Truppen verloren hatten. Trotzdem ist diese «heilige Schlacht» bis heute für die serbische Regierung Grund genug, das Gebiet für sich zu beanspruchen und damit zu prahlen, sie hätten damals «die Türken verjagt» und das Christentum verteidigt.
Dieser Mythos wurde vor allem von Slobodan Milosevic und seinen Weggefährten Ende der 1980er Jahre wiederentdeckt und so stark propagiert, dass die serbische Minderheit im Kosovo immer nationalistischer wurde und die albanische Bevölkerungsmehrheit als «Eindringlinge aus Albanien» ansahen.
Sie waren ihnen irgendwie im Weg und ein Dorn im Auge. Diese menschenverachtende Politik und Unterdrückung führte letztendlich zum blutigen Krieg 1998 und 1999. Dieselbe rückwärtsgewandte Politik bestimmt sogar bis heute die serbische Politik gegenüber Kosovo.
Kosovo gehörte also zu Serbien. Nach dem zweiten Weltkrieg wurde das Gebiet zur «autonomen Provinz» im Vielvölkerstaat Jugoslawien erklärt.
Albanien wurde nach dem zweiten Weltkrieg kommunistisch, und zwar «richtig», wie man das heute in Nordkorea sieht.

Der Diktator Enver Hoxha und sein strenges Regime führten das Land mit eiserner Hand, duldeten weder Meinungsfreiheit noch Widerstand, erstickten jegliche demokratische Tendenz im Keim. Unzählige Menschen verbrachten Jahre, gar Jahrzehnte in Hochsicherheitsgefängnissen unter menschenverachtenden Bedingungen. Viele Regimegegner, darunter viele Intellektuelle und katholische Geistliche aus dem Norden, wurden zum Tode verurteilt und hingerichtet. Die Bevölkerung lebte in einer Armut, die wir uns heute nicht mehr vorstellen können. Noch schlimmer waren die Angst, das gegenseitige Misstrauen untereinander und die fehlende Reisefreiheit.
Im Sommer 1990 schaffte es eine Gruppe von Menschen, in das Gebäude der deutschen Botschaft in der Hauptstadt Tirana zu gelangen. Sie harrten dort einige Tage aus, wurden von der Regierung und einigen, die noch daran glaubten, als «Vaterlandsverräter» verunglimpft, beschimpft und bedroht. Deutschland sah die unbeschreibliche Not dieser Menschen und nahm sie schließlich auf. Sie durften Albanien verlassen und bekamen politisches Asyl in Deutschland. Noch immer waren die Kommunisten an der Macht. Aber nicht mehr lange. Es folgten riesige Proteste von Studenten, die mit jedem Tag stärker von der übrigen Bevölkerung unterstützt wurden. Die umgestürzte, auf den Straßen Tiranas herumgezerrte große Statue des Diktators Enver Hoxha wurde zum Symbol für diese Zeiten des Umbruchs.
Die Albaner sind insgesamt sehr deutschfreundlich. 1990 wurde Deutschland Weltmeister bei der WM in Italien, jeder von uns hatte mit der großen Mannschaft mitgefiebert, vor allem beim legendären Elfmeter von Andreas Brehme in den letzten Spielminuten. Es war eine große Freude und ehrlich gestanden auch etwas Schadenfreude gegenüber dem weinenden, arrogant wirkenden argentinischen Superstar Maradona.

Das Spiel hatte ich noch in Prishtina gesehen, 3 Wochen später ging es dann auch für mich nach Deutschland.
Dieses WM-Finale hatten bestimmt fast alle Albaner in Albanien geschaut. Viele Kinder, die um diese Zeit in Albanien geboren wurden, heißen Jürgen, Matthäus, Andreas oder Franz. Kein Scherz.
Die Stimmung im Deutschland des Jahres 1990 war sehr gut, daran erinnere ich mich noch genau. Es lag bestimmt am Mauerfall und am WM-Sieg. Manchmal wünsche ich mir heute diese gute Stimmung zurück.
Ich hatte bis dahin noch nie einen Albaner aus Albanien persönlich getroffen. Ich kannte sie bisher nur vom Fernsehen, dem Liedgut oder aus der Literatur. Die Grenze zwischen dem Kosovo und Albanien wurde mit viel Stacheldraht, bissigen Hunden und schießenden Polizisten bewacht.
Die erste Begegnung mit Menschen aus Albanien machten meine Schwester und ich im Deutsch-Kurs der Volkshochschule Gelsenkirchen. Es waren zwei Mädchen, die es mit ihren Familien geschafft hatten, über die deutsche Botschaft nach Deutschland zu kommen. Man nannte sie Botschaftsflüchtlinge. Wir waren sehr froh, sie zu treffen und begrüßten sie herzlich. Für sie war es auch das erste Mal, Albaner aus dem Kosovo zu sehen. Sie erzählten uns von dem schweren Leben in Albanien, der extremen Armut, der Diktatur und der Perspektivlosigkeit im Land. Und dass sie froh waren, von dort weggegangen zu sein. Sie wollten auch nie wieder zurück. Der Vater eines der Mädchen hatte als Regimegegner fast 30 Jahre Gefängnis hinter sich.
Irgendwie waren wir nach diesen Informationen geschockt. Albanien war für uns im Kosovo das Sehnsuchtsland überhaupt gewesen. In den albanischen Medien wurde damals eine heile Welt vorgegaukelt, die überhaupt nicht der Realität entsprach.

In den Nachrichten kam nur Positives, z. B. die Kooperative xy hat schon wieder ihr Produktionsziel übererfüllt etc. Es war somit ein stark idealisiertes Bild von Albanien, an das wir im Kosovo jahrzehntelang fest geglaubt hatten. Ich habe damals schon super gern Musik aus Albanien gehört, oft beim Radiosender «Kukës» aus Nordalbanien, der eher Volksmusik spielte. Den staatlichen Fernsehsender TVSH konnten wir in Prishtina nicht empfangen. Bei meinem Onkel in Prizren im Südkosovo war der Empfang wegen der örtlichen Nähe zu Albanien möglich. Oft sind wir auch extra dahin gefahren, um albanisches Fernsehen zu gucken. Vor allem das im Dezember stattfindende «Festivali i këngës», das berühmte albanische Grand Prix der Popmusik. Die albanischen Lieder der Diva Vaçe Zela, oder von Tonin Tërshana, Luan Zhegu, Ema Qazimi, Liliana Kondakçi, später auch von Parashqevi Simaku und Irma Libohova liebten alle Kosovo-Albaner. Bücher aus Albanien verschlang ich ebenfalls als Kind. Meine Eltern auch. Manchmal mussten wir aufpassen, weil sie im Kosovo teilweise verboten waren.

Selbst in Albanien hatte die kommunistische Regierung die Werke einiger großartiger Dichter und Schriftsteller verboten, wie beispielsweise die legendären Epen, Dramen und Komödien des Franziskanerpaters Gjergj Fishta. Er wird von allen als der albanische Homer vergöttert. Großartige, identitätsstiftende Literatur!

Wenn man mit diesem Albanienbild aufwächst, ja, mit dieser Leidenschaft zu dem Land, ist die bittere Realität sehr schwer erträglich. Natürlich glaubten wir den beiden Mädchen, die wir in der VHS kennengelernt hatten, was sie uns erzählten, und fühlten mit ihnen auch mit.

Aber unsere romantische Illusion von Albanien wurde dadurch zerstört. Auch meine Eltern lernten inzwischen viele Familien aus Albanien kennen, die in Gelsenkirchen untergebracht waren. Wir besuchten uns gegenseitig und hatten uns viel zu erzählen. Im Gegenzug hatten sie auch ein etwas unrealistisches Bild vom Kosovo. Sie hielten uns für sehr reich und frei. Das kam ihnen im Vergleich zu ihrer Geschichte so vor. Immerhin war Jugoslawien als sozialistisches Land eines der freiesten und wirtschaftlich weitest entwickelten Ländern des damaligen Ostblocks. Wir erzählten ihnen, dass wir im Kosovo als Albaner nicht gern gesehen sind und dass wir seit Jahrzehnten unterdrückt werden. Albanische Lieder, in deren Texten das Wort «Albanien» oder ein albanischer Berg oder Fluss vorkamen, waren verboten. In Albanien wiederum hatten sie die Nase mehr als voll von dieser Art patriotischer Lieder, sie konnten sie nicht mehr hören. Es gab zwar im Kosovo mehr Güter zu kaufen, auch Coca-Cola, Levis-Jeans und Toblerone, und keine Lebensmittelknappheit wie in Albanien, aber Armut gab es im Kosovo ebenfalls. Nicht jeder konnte sich diesen Luxus leisten.

Während ich den Mann aus Albanien besuchte, der 30 Jahre lang im Gefängnis war, traf ich Jak aus Tirana. Er war mit ihm verwandt. Jak und ich verstanden uns auf Anhieb sehr gut. Durch ihn lernte ich sehr viel von Albanien. Er erzählte von seinen Erfahrungen beim Militär, wie viel sie schuften mussten und wie sie kaum etwas zu essen bekamen. Auch dass seine Mutter in Tirana manchmal nicht wusste, was sie zu Mittag kochen sollte. Weil nichts da war. So arm waren die Menschen wirklich. Seine Eltern durfte ich auch kennen lernen, als sie zu Besuch in Deutschland waren. Richtig freundliche und liebenswerte Menschen.

Trotzdem redete Jak seine Heimat Albanien nicht schlecht, wie es einige andere taten. Was konnten die freundlichen Menschen, das wunderschöne Land, die malerische Küste dafür, dass Enver Hoxha Albanien in den Ruin getrieben hatte? Seine ruhige, differenzierte Art beeindruckte mich immer wieder. Später kam auch sein Bruder Flori nach Gelsenkirchen, mit dem ich mich ebenfalls sehr gut verstand. Beide arbeiteten sehr viel, ich selbst ging damals noch zur Schule.

Wir redeten nicht permanent von Problemen und der schwierigen Vergangenheit, sondern waren im Hier und Jetzt und teilten eine gemeinsame Leidenschaft: die Rockmusik. Oft trafen wir uns und gingen gemeinsam in die Disko «Spektrum» in Castrop-Rauxel-Bladenhorst, die am ersten Freitag des Monats nur Rock und Heavy Metal spielte. In andere, kommerzielle Läden gingen wir nicht gern. Jak hasste den Eurodance-Hit «What is love» von Haddaway, dem man sich in den Neunzigern kaum entziehen konnte. Man hätte ihn damit jagen können.

Dafür war er ein großer Metallica-Fan, besuchte auch mehrere Konzerte von ihnen. Flori hörte Iron Maiden und Megadeath, aber war auch für andere Bands dieses Genres zugänglich. Kompromisslos war er aber gegenüber der Popmusik, Hip-Hop und Soul gingen bei ihm gar nicht. Einmal ist er weggelaufen, als in einer Kneipe «That's the way love goes» von Janet Jackson lief. Mit mir scherzte er oft, ich würde diese komische Musik sicher heimlich hören. Ich mochte eher die älteren Rockbands wie Led Zeppelin, Whitesnake und Deep Purple, die letzten sah ich live in der Essener Grugahalle 1993. Ein unvergessliches Erlebnis! Meine Freunde in Prishtina beneideten mich, dass ich in Deutschland die Möglichkeit dazu hatte.

Legendär waren unsere Treffen mit Jak und Flori jeden Sonntag Abend.

Wir trafen uns bei ihnen in der Wohnung, aßen Pizza mit Salat und tranken und tranken. Dabei schauten wir gemeinsam die einmalige Sendung «Headbanger's ball», die bei MTV lief und nur Rock und Heavy Metal spielte.
Zurück zum Trinken. Einmal gingen uns die Alkoholvorräte aus und ich ging in die griechische Kneipe nebenan, um Nachschub zu besorgen. Die Betreiber waren Nachbarn von mir und ich lieh mir eine Flasche Asbach Uralt oder Mariacron, ich weiß es nicht mehr. Ab da habe ich einen Filmriss. Keine Ahnung, wie ich nach Hause gekommen bin. Gut, dass es nur ein Katzensprung war. Jak scherzt bis heute darüber und ich soll später gesagt haben, es war kein Rausch, es war eine Alkoholvergiftung.
Nicht nur die Musik verband uns, auch die Literatur. Jak las viel, übersetzte auch Artikel aus Zeitungen, hatte ein riesiges Allgemeinwissen. Flori ebenfalls.
Diese richtige Freundschaft dauert seit 30 Jahren an. Auch mit Jaks Frau Ornela verstehe ich mich sehr gut.
Wir teilten gute und traurige Momente, tun es bis heute. Ich war mit eingeladen, als seine Mutter zum ersten gemeinsamen Weihnachtsfest nach Gelsenkirchen kam. Noch heute habe ich Gänsehaut, wenn ich daran denke. Als sein Vater in Albanien starb, war ich natürlich für ihn da. Umgekehrt war Jak vor Kurzem bei mir, um mir wegen des Tods meiner Mutter zu kondolieren.
Das freudigste Ereignis in Jaks Leben war zweifellos die Geburt seiner Zwillingstöchter. Es war 2002, als er direkt vom Krankenhaus zu uns kam. Seine Mutter war weit weg, mit irgendjemandem musste er seine Freude teilen. Meine Mutter musste vor Freude weinen, als er uns die frohe Nachricht überbrachte. Das sind Momente, wie man sie nur mit besten Freunden teilt.

«Ein Freund, ein guter Freund, das ist das Beste was es gibt auf der Welt!» Das ist mehr als wahr.

Probieren geht über Studieren

Das bekannte deutsche Sprichwort beschreibt sehr gut meinen Werdegang bzw. meine damalige Unentschlossenheit, wie es mit mir nach dem Abitur weitergehen solle. Ich hatte viele Bereiche, die mich interessierten und in denen ich schon Erfahrungen gesammelt hatte. Aber was war das Richtige für mich?
Für Sprachen und Literatur habe ich mich schon in der Grundschule im Kosovo sehr interessiert. Der berühmte Kinderbuchautor, Journalist und TV-Moderator Gani Xhafolli war ein enger Freund meines Vaters. Er ist vor einigen Jahren leider verstorben. Seine Frau Afërdita ist ebenfalls Autorin und Lehrerin und eine der besten Freundinnen meiner Mutter. Als Kleinkind war ich oft mit meinen Eltern bei ihnen zu Besuch und immer tief beeindruckt von der großen Bibliothek in ihrem Haus. Auch mein Vater ist bis heute ein passionierter Leser, schreibt auch selbst Bücher und wir hatten damals ebenfalls eine große Büchersammlung. Aber die noch viel größere Bibliothek der Xhafollis fand ich überwältigend. Immer wieder schenkten sie mir Bücher oder ich lieh mir welche aus. Ich konnte mich stundenlang damit beschäftigen. Das Lesen an sich wurde im damaligen Schulsystem staatlich gefördert und subventioniert. Die Bücher waren preiswert und verfügbar. So begann meine frühe Sozialisation mit Sprache und Literatur.
Vielleicht war dies der Grund, dass ich nach dem Abitur 1995 schließlich entschied, mich für den Magisterstudiengang Germanistik, Romanistik und Sprachlehrforschung an der Ruhr-Universität Bochum einzuschreiben.
Die Ruhr-Uni, ein großer Beton-Komplex aus den 60er Jahren im Bochumer Stadtteil Querenburg, kannte ich schon aus meiner Schulzeit. Als ich in Gelsenkirchen noch in der Zehnten war, hatte unsere Klasse sie schon

einmal besucht. Die Einschreibung verlief problemlos. Schwieriger war es am Anfang allerdings, sich zu orientieren und die Seminarräume zu finden. Wir eilten von Gebäude zu Gebäude, von Etage zu Etage, wieder zurück – wieder im falschen Raum gelandet. Bis wir uns schließlich irgendwann doch zurechtfanden.

Einige Kommilitonen aus Gelsenkirchen kannte ich, schnell lernte ich neue kennen. Die Vorlesungen machten mir Spaß, die Anfangszeit verlief auch gut. Aber im Laufe der Zeit merkte ich, dass es nicht das Richtige für mich ist. Ich wollte es mir selbst aber nicht eingestehen. Die Inhalte waren schon sehr theoretisch, mit sehr wenig Praxisbezug. Ich stellte mir inzwischen auch die Frage, was ich mit diesem Studium später überhaupt anfangen könnte. Für eine akademische Karriere als Sprachwissenschaftler wäre es schon passend gewesen. Aber für etwas anderes?

Nebenbei arbeitete ich viel als Musiker, Übersetzer und Dolmetscher und engagierte mich natürlich auch weiterhin als Aktivist in der Kosovo-Frage.

Das kostete alles viel Zeit und Energie, sodass ich das Studium immer mehr zu vernachlässigen begann. Es gab Tage, an denen ich zwar zur Uni fuhr, aber an keiner Vorlesung und an keinem Seminar teilnahm. Mein Freund Johannes stichelt noch heute, in der Mensa hätte ich aber nie gefehlt. Daran hätte ich immer gedacht. Wir lachen immer noch darüber.

Es gab auch Semester, die zu Ende gingen, ohne dass ich eine Prüfung bestanden hätte. Wohl gab es zwischendurch Phasen, in denen es besser lief und wo ich den Eindruck hatte, dass ich den Dreh doch noch kriegen könnte, aber sie waren immer von kurzer Dauer. Meinen Eltern war schon aufgefallen, dass ich trotz meiner sonst großen Leistungsbereitschaft, mich fürs Studium nicht allzu sehr anstrengte. Das war ja auch nicht zu übersehen.

Sie sprachen mich immer wieder darauf an und ich reagierte gereizt, warf ihnen vor, dass sie sich nicht vorstellen könnten, wie schwierig ein derartiges Studium sei und bat sie, mich nicht unter Druck zu setzen. Der Druck wuchs mit den Jahren. Ich mochte es mir und den anderen nicht eingestehen, dass ich das Studium am liebsten abbrechen und etwas Neues beginnen wollte. Ich sagte mir, wenn ich das Abitur geschafft habe, werde ich dieses Studium auch zu Ende machen. Aber irgendwie fehlte mir die Motivation dafür. Hinzu kam auch die Tatsache, dass ich immer noch bei meinen Eltern wohnte und keine richtige Ruhe zum Lernen hatte. Das Familienleben zuhause verlief wie gewöhnlich, meine Eltern waren sehr engagiert in ihrem Beruf als Albanischlehrer und -lehrerin. Meine Mutter hatte zwischenzeitlich auch eine Stelle bekommen.

Sie hatten einen großen Freundes- und Bekanntenkreis in ganz Nordrhein-Westfalen und darüber hinaus, hatten sehr oft Besuch oder waren oft eingeladen. Sie waren überhaupt sehr aktiv innerhalb der albanischen Community. Das war alles sehr schön und gut, ich habe oft auch mitgemacht und habe sie unterstützt, für mein Studium war das aber nicht so förderlich. Ich hätte schon zu Beginn meines Studiums nach Bochum ziehen müssen und mir dort ein Zimmer im Studentenwohnheim oder irgendwo eine kleine Wohnung mieten sollen. Die tägliche Fahrt von Gelsenkirchen nach Bochum und zurück hat mindestens zwei Stunden gedauert. Diese kostbare Zeit hätte ich besser nutzen können. Aber nicht nur wegen der Fahrt wäre der Umzug wichtig gewesen. Auch das studentische Leben habe ich nicht so ganz mitbekommen. Ich war abends und am Wochenende nicht am Ort des Geschehens, bin zwar zu einigen Partys und Veranstaltungen gegangen, das war aber immer mit beträchtlichem Fahraufwand verbunden.

Ich weiß: hätte, hätte, Fahrradkette! Trotzdem würde ich diese Zeit im Nachhinein nicht als verloren ansehen.
Ich habe an der Universität viel gelernt, vor allem, wie man vernünftig und gründlich wissenschaftlich arbeitet, wie man recherchiert und wie man sich am besten Wissen aneignen kann. Das sollte mir für die weiteren Studiengänge äußerst nützlich sein.
Ich habe sehr gute und bekannte Professorinnen und Professoren kennenlernen und erleben dürfen, z. B. den Romanisten Manfred Tietz, dessen Vorlesungen und Seminare über spanische Literatur ich sehr gerne besucht habe. Mit dem Germanistik-Professor Jörg Maier habe ich sogar an einem internationalen sprachwissenschaftlichen Symposium an der Uni-Münster teilgenommen, wo wir zusammen eine wissenschaftliche Arbeit über deutsche und albanische Sprichwörter vorgestellt haben. Auch Dr. Rainer Kogelheide vom Institut für Sprachlehrforschung habe ich in sehr guter Erinnerung. Seine Seminare waren gehaltvoll, interessant gestaltet und sehr interaktiv. Am sprachwissenschaftlichen Institut der Ruhr-Uni gab es damals einen Lehrstuhl für albanische Sprache und Literatur. Den inzwischen verstorbenen Professor für Albanologie, Lazar Dodic, habe ich kennenlernen dürfen und einige kleine Seminare bei ihm belegt.
Es gab noch viel mehr Lehrende und Studieninhalte, die mir gefallen haben. Mit vielen Kommilitoninnen und Kommilitonen habe ich mich angefreundet, wir haben uns gegenseitig im Studium unterstützt, einige Partys organisiert und zusammen gefeiert. Das KulturCafé im Bochumer ASTA war damals ein Dreh- und Angelpunkt für uns alle. Eine sehr schöne Zeit!
Nichtsdestotrotz musste ich mich irgendwann entscheiden: Was will ich? Will ich das Studium zu Ende bringen oder nicht? Was hat Priorität? Was sind die Konsequenzen, die ich zu ziehen habe?

Immerhin waren schon einige Jahre in diesem Schwebezustand vergangen.
Nach langem Hadern mit mir selbst, nach vielen schlaflosen Nächten und Überlegungen, entschied ich mich, zur Berufsberatung, der Agentur für Arbeit, zu gehen. Dort berichtete ich der freundlichen Beraterin von meinem bisherigen Werdegang, von den Erfolgen, aber auch vom Scheitern, ohne etwas beschönigen zu wollen. Ich sagte schon zu Beginn, dass ich eine Ausbildung machen wolle. Sie hörte mir lange zu, wollte dann Genaueres über meine Aktivitäten als Helfer wissen. Ich antwortete, dass ich seit meiner eigenen Einwanderung Flüchtlingen und Migranten geholfen habe und das immer noch tue, sei es in Form von Übersetzen und Dolmetschen, Begleitung zu Ämtern etc. Sie fragte mich: «Wenn Sie schon seit vielen Jahren Menschen in schwierigen Lebenssituationen ehrenamtlich helfen und begleiten, warum machen Sie das nicht professionell? Bewerben Sie sich doch um einen Studienplatz in Sozialpädagogik! Ich bin überzeugt, da wären Sie ganz gut aufgehoben.»
Sozialpädagogik? Daran hatte ich vorher nie gedacht. Ich kannte zwar einige Sozialarbeiter und Sozialpädagogen durch meine Ehrenämter, aber selbst diesen Beruf ausüben?
Die Beraterin beschrieb mir anhand einiger Beispiele, was man im sozialen Bereich alles machen kann und dass dies sehr vielfältige Felder sein können.
Mein bisheriger Werdegang und meine persönlichen Eigenschaften würden ausgezeichnet zu diesem Beruf passen. Im Vorfeld müsste ich ein Vorpraktikum absolvieren, um herauszufinden, ob es das Richtige für mich ist. Noch am gleichen Tag rief ich beim Evangelischen Kirchenkreis Gelsenkirchen und Wattenscheid an und vereinbarte einen Termin. Dazu später mehr.

Das ereignisreiche Jahr 1997

Die politische Situation und die Sicherheitslage im Kosovo wurden immer schlechter. Die Bevölkerung im Land und wir Auswanderer auf der ganzen Welt hatten seit 1989 die friedliche Widerstandspolitik von Präsident Ibrahim Rugova und seiner Partei LDK mitgetragen und für richtig empfunden. Uns war klar, dass ein Krieg gegen die militärisch überlegene Staatsmacht Jugoslawien, oder was davon übriggeblieben war, für die albanische Bevölkerung ein Fiasko bedeuten würde. Der freundliche, stets zurückhaltende und moderate Literaturwissenschaftler und Autor Rugova genoss sowohl in der eigenen Bevölkerung als auch in Europa und in den USA ein hohes Ansehen. Man erinnert sich an seinen roten Schal, den er auch im Sommer trug. Obwohl Kosovo damals offiziell zu Serbien gehörte und er als Präsident Kosovos nicht anerkannt war, wurde er von vielen Diplomaten und Politikern in den westlichen Ländern als Vertreter der Kosovo-Albaner empfangen und geschätzt. Auch Papst Johannes Paul II. gab ihm eine Audienz im Vatikan. Möglich machten diese Kontakte albanische Lobbyisten auf der ganzen Welt, die in den jeweiligen Ländern gut integriert waren und über die entsprechenden politischen und gesellschaftlichen Netzwerke verfügten. An die Unabhängigkeit war damals noch nicht zu denken. Rugova wusste damals genau, dass sich Kosovo ohne die konkrete politische, wirtschaftliche und später die militärische Hilfe der USA und der EU nie von Serbien lösen könnte. Nachdem die Lage immer unerträglicher wurde, die Armut immer extremer, die Gewalt der serbischen Kräfte stets zunahm und als Folge davon viele Menschen Kosovo verließen, begann die Bevölkerung im Kosovo an der Wirksamkeit der friedlichen Rugova-Politik zu zweifeln.

Bereits zu Beginn der 90er Jahre hatten sich im Untergrund Militärgruppen gebildet, die das Ziel verfolgten, eine Befreiungsarmee im Kosovo zu gründen. Es hieß damals, Serbien würde sich nie ohne Krieg aus dem Kosovo zurückziehen. Die ersten militärischen Übungen fanden in Albanien statt. Einige der damaligen Teilnehmer durften anschließend nicht in den Kosovo zurückkehren und flohen in westliche Länder, wo sie Asyl bekamen. Andere wurden im Kosovo verhaftet und zu hohen Freiheitsstrafen verurteilt. Das serbische Regime beantwortete jeden Versuch der Albaner, sich militärisch zu organisieren, mit massiver Gewalt. Trotz der außergewöhnlichen Gefahr für Leib und Leben, wurde schließlich die Befreiungsarmee Kosovos, die UÇK, gegründet. Am Anfang gab es viele widersprüchliche Informationen und Zweifel über ihre Existenz. Einige behaupteten, es handele sich dabei sogar um serbische Kollaborateure und Provokateure, die von Serbien gezielt eingesetzt worden seien, um Unruhe und Zwietracht unter Albanern zu stiften.

Andere wiederum behaupteten, die Gründer und die militärischen Führer zu kennen und mit ihnen verwandt zu sein. Viele ungefilterte Nachrichten machten die Runde, überprüfen konnte man sie nicht.

Die UÇK selbst schaffte dann Fakten, indem einige maskierte Soldaten sich auf einer Beerdigung im Dorf Llausha, in der Region Drenica im Zentralkosovo, zum ersten Mal öffentlich zeigten. Zuvor war ein Lehrer dieses Dorfes in seinem Klassenzimmer von serbischen Polizisten erschossen worden. Dieser gezielte Mord führte dazu, dass Zehntausende Menschen aus dem ganzen Kosovo zu dieser Beerdigung kamen, um ihre Trauer, ihr Mitgefühl, aber auch ihre Empörung und Wut über diese abscheuliche Tat zum Ausdruck zu bringen. Das war der berühmte Tropfen, der das Fass zum Überlaufen brachte.

Die Geduld der Kosovo-Albaner war am Ende. Sie konnten und wollten sich nicht mehr der Unterdrückung und menschenverachtenden Politik Belgrads beugen. Schon auf der Beerdigung in Llausha schlossen sich Tausende der UÇK an.

Am 1. Oktober 1997 fand in Prishtina nach mehreren Jahren wieder eine große Demonstration gegen die Polizeigewalt und für den Frieden im Kosovo statt. Dazu aufgerufen hatten Studentenvertreter der Universität Prishtina, unter anderem der heute bekannte Premierminister Albin Kurti. Die wichtigste Forderung war: «Wir wollen unsere Universität zurück» und «Freiheit für Kosovo». Seit 1991 hatten Vorlesungen nicht mehr an der Uni, sondern in Privathäusern stattgefunden. Die offiziellen Gebäude der Universität wurden nur noch von der serbischen Minderheit genutzt. Die Studenten waren diese Herabsetzung und Diskriminierung, ja diese ethnische Segregation, leid. Tausende kamen nach Prishtina und versammelten sich vor einem Privathaus, das als Rektorat der Uni diente. Dieses befand sich direkt hinter meiner Grundschule, gar nicht weit entfernt von unserem Haus. Die deutschen Medien berichteten darüber in den Hauptnachrichten. Die Polizei löste die Demo mit Tränengas und Schlagstöcken auf, die Organisatoren, viele Professoren und viele der anderen Teilnehmer wurden verhaftet, brutal zusammengeschlagen und auch weiter juristisch verfolgt.

Wir sahen diese Bilder auf ZDF und Euronews und waren geschockt. Es war für mich sehr traurig und emotional, weil meine Grundschule und die Straßen, wo ich meine Kindheit verbracht habe, ins Fernsehen kamen, aber mit sehr unschönen und gewaltbelasteten Bildern. Einige Jahre hatte es solche Bilder nicht gegeben, nun waren sie mit voller Wucht wieder da.

Ich fühlte mich zurückversetzt ins Jahr 1990, als ich noch in Prishtina auf Demos war und auch zu spüren bekommen musste, wie schlimm Tränengas ist.

Noch bevor es zu dieser neuen Entwicklung und zur Eskalation der Gewalt im Kosovo kam, hatte sich unser Engagement in der Kosovo-Frage erweitert und intensiviert. In Gelsenkirchen gab es seit 1992 einen albanischen Verein, der über viele Jahre aktiv war. Er diente auch als Treffpunkt für Neuankömmlinge, wo sie Hilfe von denjenigen bekamen, die schon länger hier waren. Es wurden auch mehrere Hilfstransporte organisiert. Die Lokalität war aber sehr klein und eng, sodass dort für eine intensive Arbeit kein Platz war. Im Stadtteil Schalke fanden wir schließlich ein neues, geeigneteres Domizil, das zuvor renoviert worden war. Es bot viel Platz für Veranstaltungen, hatte eine Küche und zwei kleinere Räume, sogar Feiern konnten dort stattfinden. Eine wirklich schöne Wirkungsstätte, um die uns damals viele andere beneideten. Natürlich musste das alles durch eigene Mitgliedsbeiträge und Spenden finanziert werden. Die Bereitschaft dafür war riesig. Das neue Vereinslokal und die Lage in der Heimat mobilisierten viele neue Mitglieder und Intellektuelle, die sich bis dahin eher zurückgehalten hatten. Ab jetzt konnten wir eine qualitativ hochwertige Vereinsarbeit leisten. Zur offiziellen Einweihungsfeier kamen über 150 Teilnehmerinnen und Teilnehmer aus dem gesamten Bundesgebiet. Der bekannte Schriftsteller Azem Shkreli erwies uns die Ehre, ebenso der Politiker und Chemie-Professor Mujë Rugova wie auch viele andere Aktivisten, die seit Jahrzehnten im Kosovo und der Diaspora ihren Beitrag zur Kosovo-Frage geleistet hatten. Darüber hinaus wuchs das Interesse der deutschen Medien an der Lage im Kosovo.

Viele Pressekonferenzen, Radio- und Zeitungsinterviews fanden in diesen Räumlichkeiten statt.
Ich übernahm oft die Übersetzung, außerdem war ich für die Organisation kultureller Veranstaltungen zuständig. Wir hatten die Ehre, mehrere Prominente zu Gast zu haben. Der jetzige albanische Ministerpräsident Edi Rama, der damals als freischaffender Künstler in Paris lebte, kam zu einer spontanen Veranstaltung in zerrissenen Jeans. Auch Mitglieder der Deutsch-Albanischen Freundschaftsgesellschaft kamen, so etwa der Historiker Stephan Lipsius, der über die Geschichte des Kosovo-Konfliktes ein Referat hielt.
Der Literaturwissenschaftler und Schriftsteller Ardian Klosi kam zu einer Veranstaltung extra aus München angereist, wo er damals am Institut für Albanologie lehrte. Die Schriftstellerin Lindita Arapi las aus ihrem Gedichtband. Auch eine Ausstellung mit Bildern des damals schon verstorbenen Malers Ramë Shala aus Bocholt war in unseren Räumen zu sehen.
Es waren also sehr viele Menschen, ob prominent oder nicht, die enorm viel leisteten, um die deutsche Öffentlichkeit über die immer schwieriger werdende Lage im Kosovo zu informieren und sie zu sensibilisieren.
Sie alle haben dazu beigetragen, das kulturelle und soziale Leben der albanischen Einwanderer zu bereichern. Zu erwähnen und zu würdigen ist zweifellos der außergewöhnliche Einsatz der Menschen, die als Gastarbeiter nach Gelsenkirchen und Umgebung kamen. Sie waren immer an erster Stelle, wenn es darum ging, Aufgaben und Verantwortung für den Verein und für die albanische Gemeinschaft zu übernehmen. Den ehemaligen Gastarbeitern Vehbi Bahtiri und Gani Loshi aus Gelsenkirchen möchte ich hier ganz persönlich und herzlich danken.

Sie haben unserer Familie geholfen, uns zu Beginn im neuen Land zu orientieren, haben den Muttersprachlichen Unterricht Albanisch und meinen Vater immer unterstützt und organisatorische Aufgaben bei Veranstaltungen übernommen. Auch die Landsleute, die später dazustießen, verdienen ein großes Dankeschön und Anerkennung für ihre Arbeit. Ohne den Einsatz und die Ideen von Dr. Minir Asani, Dr. Fadil Miftari, Naser Halili und vielen anderen hätten wir eine solche wertvolle und wichtige Arbeit in dieser schwierigen Zeit nicht leisten können.

Als ob das nicht genug Arbeit gewesen wäre, gründete ich mit einigen albanischen Freunden, Kommilitoninnen und Kommilitonen noch einen Studentenverein. Die Gründungsversammlung und fast alle weiteren Treffen fanden in unserem Lokal in Gelsenkirchen statt. Aus allen NRW-Unis und darüber hinaus machten Studierende mit. Wir schrieben Briefe an das EU-Parlament, an den US-Präsidenten Bill Clinton, an die Bundesregierung und an wichtige internationale Organisationen und machten auf die Eskalation der Gewalt im Kosovo aufmerksam. Gleichzeitig forderten wir Unterstützung und Schutzmaßnahmen für die albanische Bevölkerung im Kosovo und beteiligten uns an Demos. Bei Podiumsdiskussionen an verschiedenen Universitäten brachten wir uns ebenfalls mit Beiträgen über die schwierige Lage im Kosovo ein. Wir zeigten in verschiedenen Formen unsere Solidarität und Sympathie mit unseren Freundinnen und Freunden aus Prishtina. Einige von uns hatten schon vorher in Prishtina studiert und kannten die Initiatoren auch persönlich.

Es war eine richtig tolle, intensive und erlebnisreiche Zeit! Manchmal belohnten wir uns selbst und feierten Partys, zu denen auch deutsche Freunde und Kommilitonen oder andere Interessierte kamen.

Das musste auch sein, um den ganzen Druck und die Angst um die Angehörigen im Kosovo erträglicher zu machen. Ein Ausgleich musste her. Wir Albaner können gut und ausgelassen feiern. Einmal kam sogar die Polizei, weil wir zu laut gesungen und getanzt haben. Ordnung muss sein.

Ein Ausgleich war natürlich auch der Sport. In Gelsenkirchen kommt man an Schalke 04 selbstverständlich nicht vorbei. Es ist so etwas wie ein Religionsersatz, viel mehr als nur ein Fußballspiel. Bereits sieben Jahre zuvor, kurz nach unserer Einwanderung, wurden wir sofort mit dieser außergewöhnlichen Vereinstreue und Fankultur konfrontiert, die wir in derart intensiver Form nicht kannten. Als Bergmanns- und Arbeiterverein Anfang des 20. Jahrhunderts gegründet, hatte sich Schalke im Laufe der Jahrzehnte zu einem modernen und großen Klub entwickelt. Wir wohnten ganz in der Nähe des damaligen Parkstadions und bekamen diese ausgelassene Stimmung bei jedem Heimspiel mit. Mein Vater und vor allem mein Bruder waren dafür eher zugänglich, ich weniger. Als Kind und Jugendlicher habe ich aktiv Basketball gespielt und mich nicht so sehr mit Fußball identifiziert.

Ich kann mich erinnern, wie ich zum ersten Mal mit besoffenen Schalke-Fans in der Straßenbahn 302 mitfuhr. Das war ein traumatisches Erlebnis. Brechend volle Bahn, der Boden klebte, alles stank nach Bier, Pommes, Bratwurst mit Senf, Schweiß und Zigaretten. Und dann dieses schrecklich laute, aggressive Herumgrölen. Ich weiß, die ganz normalen Schalke-Fans wissen sich zu benehmen. Aber ich fuhr danach nie wieder samstags Straßenbahn.

Schlimm war auch, wenn ein Lokalderby gegen Borussia Dortmund auf dem Programm stand. Schalke und Dortmund mögen sich gar nicht. Sie hassen sich sogar.

Ganz normale Männer wurden zu Gewalttätern, die schon am Gelsenkirchener Hauptbahnhof aufeinander losgingen und sich zerfleischen wollten. Sie mussten von der Bundespolizei getrennt werden, mit Extrabussen wurden die Dortmunder ins Stadion gebracht und wieder zurück. Das fand ich immer schon gruselig und es war einer der Gründe, dass ich nie so richtig Schalke-Fan werden konnte.

Mein Bruder Agron liebt Schalke. Bis heute hält er seinem Verein die Treue. Er spielte schon als Kind richtig gut Fußball und war mit einigen Schalkegrößen, wie zum Beispiel den Altintop-Zwillingen, eng befreundet. Mit ihnen in seiner Schulmannschaft wurden sie Vizemeister beim Bundeswettbewerb der Schulen «Jugend trainiert für Olympia» in Berlin. Er durfte also als Jugendlicher im Berliner Olympiastadion spielen. Wie die ganz großen Stars. Das hat uns damals richtig stolz gemacht. Agron spielt immer noch aktiv Fußball.

Einen gewissen Lokalpatriotismus und Gänsehautmomente habe ich zum ersten Mal im Mai 1997 gespürt, als Schalke UEFA-Cup-Sieger in Mailand wurde. Nach dem sensationellen Sieg gegen Inter Mailand gingen wir alle auf die Straße, sangen die Schalke-Hymne «Blau und weiß wie lieb' ich dich», das Steigerlied und tranken Pils, das Ganze untermalt von laut hupenden Autokorsos. Eine richtig gute Fete damals in Gelsenkirchen, so etwas vergisst man nicht.

Das spannungsgeladene Jahr 1998

So wichtig und arbeitsintensiv das Studentenleben und die Aktivitäten rund um die Kosovo-Frage waren, so sehr versuchte ich damals, das ganz normale Leben nicht zu vernachlässigen und machte auch viel für mich und mein Wohlbefinden.

Weihnachten und Silvester 1997/98 verbrachte ich beispielsweise in Bella Italia. Ein guter Freund von mir betrieb ein Reisebüro in Duisburg und bot seit Jahren Reisen ins kleine, idyllische Städtchen Caorle an der Adria an. Er unterhielt viele geschäftliche und private Kontakte zu italienischen Hoteliers, hatte dort auch ein kleines Büro eingerichtet und kannte sich richtig gut aus in der Gegend. Er rief mich an und fragte, ob ich ihn über Weihnachten dorthin begleiten wollte. Er habe dort etwas zu erledigen und ich könnte mir die Stadt anschauen, die freundlichen Menschen treffen und die Gegend in der Region Venetien besichtigen. Ich ließ mich nicht zweimal bitten und flog mit nach Mailand, dann mit einem kleinen Flieger weiter nach Venedig, und von dort fuhren wir weitere 50 km mit dem Auto nach Caorle. Es war natürlich keine Touristensaison im Winter, wir konnten in Ruhe und ohne Menschenmassen das schöne Städtchen Caorle, die malerischen Städte Venedig, Verona und Vicenza, das Weingut Soave etc. besichtigen. Von der einzigartigen Kultur, Geschichte, Architektur, Landschaft und auch der Musik, die ich kennenlernte, war ich fasziniert. Zuvor hatte ich nur die ewige Stadt Rom 1993 im Rahmen einer Studienfahrt mit der Schule besucht. Aber schon als Kind hatte ich ein Faible für italienische Musik und für italienische Filme.

Viele italienische Familien aus Caorle luden uns zum Essen ein. Zu Weihnachten waren wir bei Virginia eingeladen, die in den fünfziger Jahren als Gastarbeiterin in Deutschland gearbeitet hatte und immer noch Deutsch sprach. Was für eine tolle, warmherzige und gastfreundliche Frau! Sie betrieb mit ihrer Tochter und ihrem Schwiegersohn ein Hotel in Caorle. Zu Heiligabend gab es gegrillten Aal, Polenta, Spaghetti mit Sugo und viel Parmesan und zum Schluss Salat. Und selbstverständlich Rotwein! Wir hatten für alle Christstollen aus Deutschland mitgebracht. Das fand jedermann lecker. Das sensationell gute Essen in Italien, vor allem dann, wenn es Zuhause nach richtig alter, traditioneller Art zubereitet wird, war schuld daran, dass ich nach zwei Wochen um einige Kilo schwerer nach Deutschland zurückkam.

Am ersten Weihnachtstag waren wir in der Kirche. Ich hatte schon vorher in Deutschland Weihnachtsgottesdienste besucht, die ich schön und emotional fand. Aber die italienische Art, Weihnachten zu feiern, fand ich schon einzigartig.

Ein riesiger Chor sang Weihnachtslieder, Solokünstler traten ebenfalls auf, Groß und Klein kannten alle Texte, ich war überwältigt. Also, Italien ist und bleibt mein Sehnsuchtsland.

Diese außergewöhnliche Reise tat mir sehr gut, brachte mir viel Energie zurück und ich konnte meinem Alltag etwas entfliehen. Denn er ging bald mit traurigen Informationen aus der Heimat weiter.

Anfang März 1998 brach der Krieg im Kosovo richtig aus. Serbische Kräfte und Paramilitärs hatte mehrere Dörfer in der Region Drenica mit schwerer Artillerie angegriffen, weil sie dort Angehörige der Befreiungsarmee vermuteten. Zurück blieben nur Schutt und Asche, viele Tote, Verletzte und jede Menge Flüchtlinge.

In der Nacht vom 5. auf den 6. März 1998 wurde das Haus der Großfamilie des UÇK-Mitbegründers und Freiheitskämpfers Adem Jashari in seinem Dorf Prekaz mit schwerer Artillerie angegriffen. Er hatte sich schon in den frühen Neunzigern bei den ersten Militärübungen und bewaffneten Angriffen gegen serbische Polizisten beteiligt und wurde seitdem von der Polizei und den paramilitärischen Einheiten gesucht. Seit Jahren versteckte er sich in den umliegenden Wäldern und Bergen und kam selten nach Hause, um seine Familie nicht zu gefährden. In jener Nacht hatten er und die anderen männlichen Familienmitglieder versucht, sich gegen die Angriffe zu wehren, waren aber gegen die überlegenen serbischen Kräfte machtlos. Adem Jashari und weitere 57 Menschen wurden in dieser Nacht getötet. Unter ihnen Frauen, Kinder und Alte. Die meisten gehörten zur Familie Jashari.

Zum Begräbnis kamen ca. 30.000 Menschen aus dem ganzen Kosovo. Dies war der Wendepunkt in der jüngsten Geschichte Kosovos, der Hunderte, nein: Tausende neue Befreiungskämpfer aus dem In- und Ausland mobilisierte.
Die Kämpfe weiteten sich auch in anderen Regionen des Kosovo aus, viele Menschen starben, verloren ihr Hab und Gut und mussten fliehen. In der Hauptstadt Prishtina fanden Demonstrationen gegen die eskalierende Gewalt statt. Frauen hielten Brote in den Händen, die sie den Flüchtlingen in den Kampfgebieten bringen wollten.
Wieder wurden die Demos mit Gewalt aufgelöst, wieder kam es zu Verhaftungen und Verletzungen.
Adem Jashari und seine Familie wurden zum Symbol des Freiheitskampfes. Albaner aus aller Welt schickten Kondolenzbriefe, sammelten Geld und Hilfsgüter für die wenigen Hinterbliebenen der Familie Jashari und für die anderen Opferfamilien und Flüchtlinge im Kosovo.

Demos fanden statt, Zehntausende kamen in Bonn zusammen, um ihre Trauer und ihre Wut gegenüber dem serbischen Regime zu zeigen.

Durch das Massaker in Prekaz wurde auch das Interesse der internationalen Gemeinschaft an der Kosovo-Frage wachgerüttelt. Plötzlich wurde in den Medien öfter über die Lage im Kosovo berichtet, westliche Diplomaten besuchten das Land und machten sich selbst ein Bild. Serbien betrachtete dieses Interesse des Westens als «Einmischung in innere Angelegenheiten» und verbat sich sämtliche Vermittlungsversuche. Aber der Druck wuchs. Weil es während des gesamten Jahres 1998 blutige Kämpfe und weitere Anschläge auf unbeteiligte Zivilisten gab und die serbische Regierung ohnehin unter dem jahrelangen Wirtschaftsembargo der EU litt, stimmte sie halbherzig einem Einsatz der OSZE (Organisation für Sicherheit und Zusammenarbeit in Europa) zu. Diese international zusammengesetzte, zivile Gruppe sollte die Lage im Kosovo beobachten und Bericht erstatten.

Die unsichere, schwierige Lage in der Heimat bedeutete für meine und alle anderen Familien einen großen psychischen Druck und Stress. Wir standen morgens mit den Frühnachrichten auf und gingen abends mit einem kleinen Taschenradio zu Bett, in der Hoffnung, von irgendwoher Neuigkeiten zu erfahren. Noch konnten wir unsere Angehörigen und Freunde in Prishtina telefonisch erreichen. Sie berichteten uns über die Lage vor Ort, wussten aber auch nicht, wie es weiter geht. Sollten sie schon fliehen? Aber wohin? Was ist mit den Kindern? Mit den Alten? Wir wollten, dass meine Großmutter nach Deutschland kommt, sie aber wollte nicht. Sie wollte zuhause bleiben. Außerdem wäre es ein riesiger Aufwand gewesen, das Besuchervisum für Deutschland zu erhalten.

Sie hätte dafür mit dem Bus ins 350 km entfernte Belgrad fahren und dort stundenlang vor der deutschen Botschaft warten müssen. Und das alles im Kriegszustand und im Alter von über 70! Heute kann ich meine Oma verstehen, aber damals hatte ich große Angst um sie. Ich wollte nicht, dass sie den Krieg wieder erlebt. Sie hatte in ihrem Leben genug durchgemacht und schon als junge Frau im zweiten Weltkrieg zweimal von zuhause vertrieben worden.

Eine richtig schwierige Zeit. Wenn ich heute zurückblicke, frage ich mich, wie wir das überhaupt aushalten konnten. Andrerseits kann eine solche Ausnahmesituation aber auch zusätzliche Kräfte und Energie hervorrufen. Vielleicht ist dies der Grund. Ich möchte das aber nicht noch mal erleben müssen. Einmal reicht.

Ich versuchte, mich zu entspannen und die Angst um meine Angehörigen zu überspielen. Mit Musik, mit Lesen, ich fuhr sogar in den Urlaub. Erfolgreich war ich damit nur teilweise. Denn: lernen für die Uni ging gar nicht. Dafür reichte meine Energie einfach nicht aus. Das erzeugte wiederum zusätzlichen Druck und ein schlechtes Gewissen.

Für gute Musik war ich immer zu haben. Im Sommer dieses Jahres veranstaltete die albanische Redaktion der Deutschen Welle ein Benefizkonzert in Köln für die Flüchtlinge im Kosovo.

Der populäre albanische Sänger, Komponist, Fernsehmoderator und Produzent Ardit Gjebrea hatte zugesagt. Ihn begleiteten der Rockstar Elton Deda und eine richtig gute Band aus Tirana. Ein Pflichttermin für mich! Ich genoss dieses gute Konzert und hatte danach die Gelegenheit, diese beiden Superstars zu treffen. Ein richtig tolles Erlebnis und eine weitere Inspiration für mich, weiterhin Musik zu machen.

Eine außergewöhnliche Persönlichkeit traf ich ebenfalls bei diesem Konzert. Der deutsche Journalist und Flüchtlingshelfer Rupert Neudeck, der 1979 durch die Rettung vietnamesischer Flüchtlinge im Chinesischen Meer mit dem Schiff Cap Anamur weltweit bekannt geworden war, sammelte Spenden für die Binnenflüchtlinge im Kosovo, deren Zahl im Sommer 1998 weiter anstieg. Er betrat die Bühne und erzählte, dass er vor Kurzem aus dem Kosovo zurückgekehrt war und dass die Menschen dringend Hilfe brauchen. Er appellierte damals schon an eine Intervention der internationalen Gemeinschaft im Kosovo. Später erfuhr ich von meinen Verwandten im Kosovo, dass er in Prishtina nicht in teuren Hotels übernachtet hatte, sondern sehr sparsam und behutsam mit den Spendengeldern umging und mit den Menschen in den improvisierten Flüchtlingslagern der Dörfer wohnte. Auch ihn durfte ich persönlich kennenlernen und war tief beeindruckt von seiner Leidenschaft, der Energie und dem Idealismus, mit dem er weltweit Menschen in Kriegssituationen half. Vielleicht war diese Begegnung ein weiterer Motor, der mich dazu inspirierte, selbst einen Helferberuf zu erlernen.

Das Ausnahmejahr 1999

Wie ein Jahr zuvor, musste ich über Weihnachten einfach weg. Ich konnte es nicht mehr ertragen, ständig Horrormeldungen über Tote und Verletzte aus der Heimat zu hören, dazu Vereinsarbeit, Interviews, Demos, schlecht laufendes Studium usw. Aber wohin sollte ich gehen? Im Sommer war ich nach Spanien geflogen und hatte mich dort richtig erholt. Ich hatte einfach Urlaub gemacht – ohne Fernsehen, Radio oder Zeitung. Gott sei Dank gab es damals keine Smartphones, man konnte noch richtig abschalten.

Nach dem Treffen mit Rupert Neudeck in Köln hatten mich große Sehnsucht und das Heimweh gepackt, in den Kosovo zu fliegen. Immerhin waren seit meinem letzten Heimatbesuch über drei Jahre vergangen. Meine Eltern und meine Freunde hielten mich für verrückt und fragten mich, ob ich lebensmüde sei. Ich dachte mir, wenn Neudeck im Kosovo war, will ich auch dorthin. Auch meine Verwandten im Kosovo waren nicht begeistert von meiner Idee und rieten mir dringend davon ab. Die Sicherheitslage war mehr als schlecht. Es war einfach lebensgefährlich.

Mein Cousin Alban, der vier Jahre jünger ist und mit dem ich seit der Kindheit eng verbunden bin, hatte sich für ein Kunststudium in Tetova (Mazedonien) eingeschrieben. Diese Stadt liegt nahe der Grenze zu Kosovo und ich war als Kind oft dort, weil eine Tante von mir dort lebt. Sie und ihre Familie hatte ich schon acht Jahre nicht gesehen. Alban und meine Tante sagten mir am Telefon, ich solle nur nach Mazedonien kommen, weil die Einreise in den Kosovo sehr gefährlich sei. Sie würden sich sehr freuen, mich wiederzusehen. Gesagt, getan. Am gleichen Tag buchte ich einen Flug nach Shkup (Skopje) und flog dorthin.

Während des Fluges hatte ich einen richtigen emotionalen Zusammenbruch. Das ganze Heimweh, diese Achterbahn der unterdrückten Gefühle der letzten acht Jahre, diese Intensität, alles entlud sich und ich brach in Tränen aus. Mein Sitznachbar tröstete mich und gab mir eine Dose Bier, die er im Rucksack hatte. Noch konnte man Getränke mitnehmen. Er war sehr lustig, brachte mich schnell auch wieder zum Lachen und wir quatschten den ganzen Flug über und tranken Bier. Leicht angetrunken kam ich nach über zwei Stunden und zum ersten Mal seit acht Jahren in Mazedonien an, das heute Nordmazedonien genannt wird. Damals hieß es offiziell «Frühere jugoslawische Republik Mazedonien». Es gab einen sehr langen Namensstreit mit Griechenland, bis man sich endlich auf die Bezeichnung «Nordmazedonien» einigen konnte.

In Shkup, Tetova, Gostivar, Struga und vielen anderen westmazedonischen Städten lebt eine große albanische Minderheit, aber vielerorts stellen die Albaner die Bevölkerungsmehrheit dar. Auch hier wurden sie jahrzehntelang unterdrückt.

Tetova ist eine Stadt nahe der kosovarischen Grenze, liegt 30 km westlich von der Hauptstadt Shkup und wird mehrheitlich von Albanern bewohnt. Meine Tante lebt seit 1978 hier, ist mit einem richtig netten Mann verheiratet und zusammen haben sie fünf Töchter. Die vierte Tochter hatte ich kurz nach ihrer Geburt gesehen, die fünfte noch gar nicht.

Der Flug hatte etwas Verspätung und mein Onkel hatte lange am Flughafen auf mich gewartet. Das Wiedersehen mit ihm, meiner Tante und ihrer ganzen Familie war herzzerreißend. Auch die liebe, gastfreundliche Schwiegermutter meiner Tante, die ich ebenfalls so lange nicht mehr gesehen hatte, freute sich sehr, dass ich kam. Meine Cousinen erkannte ich kaum wieder.

Ich hatte sie als kleine Mädchen in Erinnerung, jetzt waren sie so groß. Für viele Migranten auf der ganzen Welt ist so ein Wiedersehen bisweilen schwer auszuhalten, weil sie jüngere Geschwister, Neffen, Nichten oder Cousinen manchmal nicht erkennen, da diese zum Zeitpunkt der Auswanderung noch klein waren. Hier wird einem das Vergehen der Zeit so richtig bewusst.
Auch Alban und eine Tante, die extra aus Prishtina gekommen war, um mich zu treffen, freuten sich sehr. Wir hatten uns so viel zu erzählen und mussten so viel nachholen, dass der Tag einfach nicht dafür ausreichte. Wir schliefen fast gar nicht. Ich hatte nur eine Woche gebucht, sie verging aber wie im Flug. Kurzentschlossen ging ich ins Reisebüro und habe meinen Rückflug um vier Tage verschoben.
Die albanischsprachige Universität von Tetova war erst 1994 gegründet worden und wurde damals von den mazedonischen Behörden noch nicht anerkannt. Es hieß damals von offizieller Seite, in der Hauptstadt gäbe es ja schon eine Universität, eine zweite sei nicht notwendig. Natürlich war eine Universität in Tetova notwendig! Bis dahin mussten nämlich alle Albaner in einer fremden Sprache studieren: in Mazedonisch. Von wegen gleiche Startbedingungen! Es dauerte noch einige Zeit, bis diese Universität und die Abschlüsse als gleichwertig anerkannt wurden.

Alban studierte damals Malerei und hatte viele neue Leute kennen gelernt. Mit drei von ihnen wohnte er in einer Studenten-WG. Die Seminare fanden in verschiedenen Häusern und Gebäuden statt, alles war etwas improvisiert. Auch wenn es nicht perfekt war, hat diese Uni viel dazu beigetragen, dass die Albaner in Mazedonien selbstbewusster, moderner und zielstrebiger wurden.

Tetova war früher, als ich ein Kind war, eine eher konservative, kleinbürgerliche Stadt.
Jetzt merkte man einen richtigen Aufschwung und Fortschrittsgeist. Es freute mich sehr, diese positive Veränderung miterleben zu dürfen.
Es herrschte an diesen Tagen eine Wahnsinnskälte, mit bis zu -20 Grad. Alles war eingeschneit und eingefroren. Aber dies hielt uns nicht davon ab, viel zu unternehmen.
Abends gingen wir in Kneipen, wo teilweise live gespielt wurde. Dort lernte ich einige Musiker kennen, die toll spielten und sangen.
Die Albaner in Mazedonien sind extrem gastfreundlich. Das ist eigentlich eine Eigenschaft, die alle Albaner vereint, aber mit der Herzlichkeit und der Mühe, mit der man in Tetova und in den anderen Städten Gäste empfängt, kann kaum einer mithalten. Es war mir manchmal peinlich und tat mir sogar leid, welchen Aufwand meine Tante betrieb, uns alle zu beköstigen. Als Kind war ich unter anderem gern hier, weil alles besser schmeckte als im Kosovo. Der Schafskäse war unwiderstehlich, die gefüllten Weinblätter, die eingelegten Paprika, die selbstgemachten Gelees aus Feigen und Erdbeeren, die gefüllten Teigtaschen, die Milchbrötchen, die Eintöpfe...

Diese zehn Tage taten mir so gut, dass ich für eine Weile den Stress und mein Leben in Deutschland beiseite legen konnte. Auch wenn es etwas traurig war, dass ich so nah der Heimat war – nur 80 km von Prishtina entfernt! – und nicht dorthin reisen konnte. Trotzdem fühlte ich mich zuhause hier, hatte einen Teil meiner Familie wiedergesehen und einige schöne Tage verbracht.
Die Spannungen und die Kriegshandlungen im Kosovo waren natürlich auch hier ein wichtiges und aktuelles Thema. Durch die örtliche Nähe konnte man den Krieg praktisch spüren.

Die deutsche Bundeswehr war zu jener Zeit hier in Tetova stationiert, um bei einem Einmarsch der NATO-Truppen in den Kosovo in der Nähe zu sein.
Viele Menschen in Tetova hatten Verwandte im Kosovo und pflegten intensive Beziehung dorthin. Meine Tante machte sich natürlich große Sorgen um ihre Mutter (meine Oma) und um die anderen Verwandten im Kosovo. Sie sagte ihr am Telefon, sie solle in den nächsten Bus steigen und kommen. Meine Oma wollte aber nicht weg. Das sollte sich allerdings schnell ändern.
Mitte Januar 1999 gab es im Kosovo, im Dorf Reçak, wieder ein regelrechtes Massaker. Etwa 45 Menschen wurden hingerichtet. Der US-amerikanische Diplomat und Leiter der OSZE-Mission, William Walker, besuchte den Ort und war geschockt vom Anblick der Leichenberge. Er sprach noch am selben Tag von einem Massaker und einem Verbrechen gegen die Menschlichkeit.
Diese unmenschliche Tat sollte in die Geschichte eingehen. Denn unmittelbar danach wurde die Kontaktgruppe der internationalen Gemeinschaft aktiv und ordnete Gespräche zwischen den Kosovo-Albanern und der jugoslawischen Regierung an. Die Verhandlungen fanden im französischen Rambouillet statt und hatten eine Friedensvereinbarung beider Konfliktparteien zum Ziel.
Alle jugoslawischen Truppen sollten aus dem Kosovo abgezogen werden, im Gegenzug sollte die Befreiungsarmee ihre Waffen abgeben und bei der Friedensmission mithelfen. Kosovo sollte der Autonomiestatus zugesichert werden und NATO-Truppen sollten die Sicherheit im Land gewährleisten. Die Vertreter der Befreiungsarmee brauchten lange, bis sie den Vertrag unterzeichnen konnten, da sie die Unabhängigkeit Kosovos zum Ziel hatten. Diese war aber hier noch kein Thema. Nach vielen Gesprächen mit der damaligen US-Außenministerin Madeleine Albright unterschrieben sie.

Serbien wehrte sich vehement gegen eine «Einmischung in innere Angelegenheiten» und war nicht mit einer Stationierung von NATO-Truppen und mit einem Abzug seiner Soldaten aus dem Kosovo einverstanden. Die serbische Seite unterschrieb den Vertrag nicht. Daraufhin beschlossen die NATO-Mitgliedsstaaten, militärisch gegen Jugoslawien vorzugehen.

Am Abend des 24. März 1999 flog die NATO die ersten Luftangriffe gegen Jugoslawien, damit begann die letzte, entscheidende Phase des Kosovo-Konfliktes.

Wir sahen diese Entwicklung mit gemischten Gefühlen. Einerseits waren wir für die Intervention und die Hilfe der internationalen Gemeinschaft dankbar, dafür hatten wir uns schließlich Jahre, gar Jahrzehnte engagiert. Andererseits war uns klar, dass die Bevölkerung im Kosovo einen hohen Preis dafür zahlen würde. Die serbischen Truppen würden sich an der Zivilbevölkerung rächen. Und so kam es auch.

Es begann im ganzen Kosovo eine widerliche, unmenschliche und brutale Vertreibungswelle, wie wir sie bis dahin nur aus Geschichtsbüchern kannten. Vor allem paramilitärische Truppen des Kriegsverbrechers Arkan trieben ihr Unwesen. Mit maskierten Gesichtern drangen sie in Häuser ein, schossen in die Luft oder töteten gleich jemanden. Sie zwangen Frauen, ihren Schmuck abzugeben und machten auch vor Kindern und Alten nicht halt. Sie brüllten: «Ihr wolltet die NATO, jetzt habt ihr sie. Verschwindet nach Albanien, ihr Drecksalbaner, hier ist Serbien». Sie benutzten auch noch schlimmere Wörter, die ich hier nicht wiedergeben will.

Mit der Verschlimmerung der Sicherheitslage verließen auch immer mehr internationale Journalisten und die OSZE-Mission Kosovo. Es gab fast keine unabhängige Berichterstattung mehr. In den ersten Tagen der Luftangriffe konnten wir die Verwandten noch erreichen.

Im Laufe der Zeit wurde dies immer schwieriger, und wenn überhaupt, kamen wir nur spät nachts durch. In unserem Haus in Prishtina hatten sich mehrere Menschen versteckt, Verwandte aus den ländlichen Gebieten, die schon lange auf der Flucht waren. Sie alle wurden einige Tage später gewaltsam vertrieben. Gefühlt die ganze Bevölkerung aus Prishtina wurde zum Bahnhof geprügelt und gejagt, um dann in einen Zug Richtung mazedonische Grenze einzusteigen. So viele Züge standen allerdings gar nicht zur Verfügung. Viele mussten tagelang hier ausharren, bis sie wie Vieh abtransportiert wurden. Bis heute ist es schwer erträglich zu hören, wenn meine Verwandten darüber erzählen. Sie kamen an die mazedonische Grenze, Mazedonien ließ sie aber nicht einreisen. Am Grenzübergang, im Niemandsland zwischen Mazedonien und Kosovo, im Dorf Bllacë, ist dann ein Lager entstanden, in dem mehrere Zehntausende Menschen für viele Tage unter menschenunwürdigen Bedingungen leben mussten. Es war Ende März und noch sehr kalt. Die Menschen versuchten, kleine Zelte aus Plastikplanen zu bauen und irgendwo Holz für ein Feuer aufzutreiben. Menschen aus Mazedonien kamen bis an die Absperrungen und versorgten die Vertriebenen mit Brot und Wasser. Die ersten internationalen Hilfsorganisationen, wie das Flüchtlingshilfswerk der Vereinten Nationen (UNHCR), Cap Anamur, Caritas international, World Food Programme, Ärzte ohne Grenzen und andere begannen auf mazedonischem Gebiet Flüchtlingslager einzurichten, in denen die Menschen einigermaßen geschützt leben konnten.

Die Bilder ließen damals kein Herz kalt, die Spendenbereitschaft war riesig. Erwähnenswert ist die großzügige Spende des großen deutschen Schauspielers und Entertainers Harald Juhnke.

Er wurde an diesen Tagen 70 Jahre alt und hatte eine große Feier mit Hunderten von Gästen in Berlin geplant. Nachdem er die schrecklichen Bilder von weinenden und hungrigen Kindern in den Lagern sah, sagte er die Feier ab und spendete 50.000 DM für die Kinder im Kosovo.
Auch die Kelly Family schrieb den Song «Children of Kosovo», um auf die Notsituation in den Lagern und im Kosovo aufmerksam zu machen. Sie sangen folgende Zeilen:

(...)

«I am hungry and I'm cold and
I have no one to hold for.
My mother and my father are
Dead and gone.
Where do I belong?

The children of Kosovo
Are crying for a helping hand.
The children of Kosovo
Are dreaming of a peaceful land.»

(...)

Alle Einnahmen aus dem Verkauf dieser Single spendete die Kelly Family für die Kinder im Kosovo. Die Solidaritätswelle war ungebrochen.
Für die Flüchtlinge in Mazedonien wurden mehrere Zeltlager eingerichtet, in denen viele untergebracht wurden. Einige konnten bei Verwandten in den mazedonischen Städten und Dörfern unterkommen. Die meisten wurden aber von Fremden aufgenommen, bei denen sie bis zum Kriegsende versorgt wurden, mit allem, was dazu gehört. Eine große Hilfsbereitschaft in Mazedonien.

Die meisten Flüchtlinge und Vertriebenen aus Zentral- und Südkosovo wurden nach Albanien vertrieben. Dort landeten sie in der Stadt Kukës in Nordalbanien, wo sie von der meist mittellosen Bevölkerung herzlich aufgenommen wurden. Auf Hunderttausende Flüchtlinge wurde die Zahl der kosovarischen Flüchtlinge in Albanien damals geschätzt. Auch ein großer Teil meiner weiteren Verwandtschaft floh nach Albanien. Im Südosten des Landes, nicht weit der griechischen Grenze, in der Stadt Korça, wurden sie von der einheimischen Bevölkerung fast drei Monate lang aufgenommen und versorgt. Noch heute erzählen meine Verwandten von der großartigen Herzlichkeit und Gastfreundschaft, mit der sie in Albanien empfangen wurden. Auch wenn die Einheimischen selbst arm waren, haben sie das letzte Hab und Gut mit den Flüchtlingen geteilt. Meine Verwandten haben sie nach dem Krieg oft besucht und sie auch in den Kosovo eingeladen. Ich habe die Stadt später ebenfalls zweimal besucht und habe sogar ein Lied aus dieser Gegend neu interpretiert. So etwas vergisst man nie.
Auch die Familie meiner Tante in Tetova hatte während des Krieges viele Menschen aus dem Kosovo aufgenommen oder dafür gesorgt, dass sie in der Nachbarschaft oder in der Verwandtschaft eine Bleibe finden konnten. Meine Oma, mein Onkel samt seiner Familie, meine anderen Tanten, meine Cousinen, Cousins und weitere Verwandte waren zuerst bei meiner Tante angekommen. Sie hat sich um alle gekümmert, auch um Fremde, die Hilfe suchten.
Insgesamt war im März und April 1999 über die Hälfte der albanischen Bevölkerung des Kosovo geflohen oder gewaltsam vertrieben worden. Es handelte sich demnach um eine Million Menschen, die von einem Tag auf den anderen obdachlos waren.
Was bedeutete dieser Zustand für uns in Deutschland?

Wir haben erst mit Verzögerung erfahren, dass fast alle meine Verwandten und Bekannten aus Prishtina vertrieben wurden. Ganz schlimm war, als wir noch nicht wussten, was passiert ist. Wir riefen an, der Anruf ging durch, aber keiner nahm den Hörer ab! Es war auch keiner mehr da! Furchtbar!

Als meine Oma, meine Großtante und mein Onkel mit seiner Frau und den kleinen Kindern in Tetova angekommen waren, rief uns meine Tante an und informierte uns.

Uns fiel ein Stein vom Herzen, dass sie jetzt in Sicherheit waren. Zuvor hatte meine Tante vor Angst um ihre Mutter und um die anderen Angehörigen einen Nervenzusammenbruch erlitten. Auch wir waren kurz davor. Meiner Mutter beispielsweise wurde es sehr oft schlecht, da sie fast während des gesamten Krieges nicht wusste, was mit ihren Angehörigen passiert war. Lebten sie noch? Wo waren sie?

Eines Tages schauten wir die Nachrichten bei CNN. Fast alle Nachrichtensender sendeten Bilder von den Flüchtlingslagern in Mazedonien und Albanien. Plötzlich erkannten wir meinen Onkel, Mutters Bruder, wie er in einer riesigen Schlange anstand, um Wasser zu holen. Meine Mutter brach vor Freude in Tränen aus. Wir auch. Er lebte.

Sie waren im Lager Stankovac untergekommen. Später wurden sie in die Türkei ausgeflogen. Meine Eltern besuchten sie dann dort.

Von den weiteren Geschwistern meiner Mutter fehlte immer noch jede Spur.

In unserem Vereinslokal in Gelsenkirchen trafen wir uns zu außerordentlichen Sitzungen, um uns über die aktuelle Lage in unserer Heimat auszutauschen und um weitere Hilfsaktionen zu planen.

Innerhalb weniger Tage schafften wir es, vier LKW voller Lebensmittel, Hygieneartikel und Medikamente nach Albanien und Mazedonien zu schicken. Die Spendenbereitschaft vieler Gelsenkirchener Bürger und Geschäftsleute machte dies möglich.
Zu einer Demonstration in der Gelsenkirchener Innenstadt kamen Hunderte Menschen, um ihre Solidarität und ihr Mitgefühl mit der Bevölkerung im Kosovo kund zu tun.

Einige Tage später wurde ich von den Veranstaltern einer großen Demonstration in Bonn angefragt, ob ich mir vorstellen könnte, bei der Kundgebung ein Lied zu singen. Ich fühlte mich geehrt, immerhin war es der berühmte, leider kürzlich verstorbene Theaterregisseur Bekim Lumi, der mich anrief. Er moderierte die Demo.
Es hatten sich über 50.000 Menschen aus dem ganzen Bundesgebiet und anderen europäischen Staaten in Bonn versammelt. Alles, was damals in der albanischen Diaspora Rang und Namen hatte, war da. Auch viele deutsche Politikerinnen und Politiker und viele Medienvertreter natürlich. Ich war total aufgeregt: vor einer derartigen Menschenmasse war ich zuvor noch nicht aufgetreten.
Ich hatte mich für das Lied «Kosovë, vendi im i bukur» (Kosovo, mein schönes Land) entschieden.

Der Refrain geht etwa so:

«Freu' dich, freu' dich,
mein geliebtes Kosovo,
es kommt bald die Zeit der Freiheit,
wir alle werden zu dir zurückkehren,
du gehörst zu uns,
mein geliebtes Kosovo!»

Ich musste mich sehr anstrengen, während des Auftritts meine Tränen zurückzuhalten. Das habe ich irgendwie geschafft und war erleichtert. Ein absolutes Highlight.
Alle halfen, so gut sie konnten. Es gab natürlich viele Menschen, die nicht wussten, was ihren Angehörigen widerfahren war. So wie meine Mutter. Oder andere, deren Verwandte nicht aus dem Kosovo herauskamen und sich irgendwo verstecken oder monatelang in Bergen oder Wäldern leben mussten. Alle versuchten, ihren Angehörigen Geld zu schicken, was damals nicht einfach war. Es gab einige Reisebüros, die diese Dienstleistung anboten. Oder es ging von Hand zu Hand. Man musste in vielerlei Hinsicht improvisieren und andere Wege finden.
Aufgrund der unsicheren Lage und der Ungewissheit, wie lange der Krieg dauern würde, entschieden sich Deutschland, andere EU-Länder und die USA, Flüchtlinge aus den mazedonischen und albanischen Lagern aufzunehmen. Kranke, Alte, Behinderte, Verletzte und alleinstehende Frauen mit kleinen Kindern wurden bevorzugt behandelt. Deutschland nahm 20.000 Menschen überwiegend aus Mazedonien auf.
Das erste Flugzeug mit Flüchtlingen landete am Flughafen Münster/Osnabrück. Die Menschen wurden in einer vom Malteser Hilfsdienst betriebenen Einrichtung in Hemer bei Iserlohn untergebracht und versorgt.
Ich konnte es nicht aushalten und fuhr hin, in der Hoffnung, dass auch Angehörige und Freunde von mir dabei sind. Ich traf viele Familien, in deren Augen man noch den Schrecken des Krieges sehen konnte.
Von den Maltesern erfuhr ich, dass in einigen Tagen noch mehrere Flieger ankommen sollten. Die Menschen würden dann in der Landesstelle Unna-Massen und in Castrop-Rauxel wohnen.

Ich meldete mich beim Deutschen Roten Kreuz in Castrop-Rauxel und bot meine ehrenamtliche Hilfe als Dolmetscher und freiwilliger Helfer an. Auch andere Freunde von mir hatten sich gemeldet – deutsche Helfer waren ebenfalls dabei. Wir trafen uns zu einer Sitzung, um den Transfer vom Flughafen Münster/Osnabrück in die Castroper Einrichtung vorzubereiten. Es war alles sehr aufregend, da keiner so richtig wusste, was uns erwartete. Das Gefühl, etwas Konkretes tun zu können und nicht den ganzen Tag vor den Fernsehnachrichten zu sitzen, tat mir gut.

Der nächste Flieger landete sehr spät, fast um Mitternacht. Wir warteten schon mit mehreren Bussen direkt auf dem Flugplatz, damit die Menschen sofort einsteigen konnten. Sie kamen total verängstigt und schüchtern aus dem Flugzeug, Wir Helfer begrüßten sie in der Muttersprache, hießen sie willkommen und sahen direkt ein Lächeln in ihren Gesichtern. Jedem Bus waren zwei Dolmetscher zugeteilt. Schon hatte mich jemand erkannt. Es war Avni aus Prishtina, ein früherer Klassenkamerad meiner Schwester, der mit seiner ganzen großen Familie kam. Ich kannte sogar seine Brüder, weil sie ebenfalls Musik machten. Wir umarmten uns und konnten es nicht glauben, dass wir uns nach so langer Zeit unter diesen Umständen wiedersahen. Eine andere Familie aus Prishtina kannte ich auch, sie hatten gar nicht weit weg von uns gewohnt.

Die Menschen wollten wissen, wo sie schnell telefonieren können, um ihre Angehörigen zu informieren.

In der Einrichtung in Castrop-Rauxel gab es ein Kartentelefon, aber natürlich hatten sie keine Karten. Ich lieh einigen die Meinige, damit sie schnell anrufen konnten. Sie wollten auch wissen, wo in Deutschland sie genau sind. Wir versuchten alle Fragen zu beantworten und die Personen zu beruhigen.

Sie seien in Sicherheit und für alles wäre gesorgt. Ein Mädchen war allein und weinte die ganze Zeit. Trotz aller Versuche, es zu trösten, gelang uns das nicht. Erst nach Tagen erfuhren wir, dass sie bei der Vertreibung von ihrer Familie getrennt worden war und seitdem nicht wusste, wo die anderen sind. Nach einigen Tagen kamen Angehörige von ihr, die in Deutschland lebten, um sie zu besuchen.

Sie hatten schon erfahren, dass die Eltern und Geschwister des Mädchens in Albanien waren und dass es ihnen den Umständen entsprechend gut ging. Nicht immer gingen solche Geschichten gut aus. Einige mussten sogar erfahren, dass ihre Angehörigen es nicht geschafft hatten zu fliehen und ermordet worden waren

Ich gab mir Mühe, solch traurige Schicksale nicht allzu nahe an mich heran zu lassen, weil ich diese emotional höchst aufgeladene Zeit sonst nicht überstanden hätte. Ich musste praktische Hilfe leisten. Ältere Herren zum Arzt begleiten, bei Missverständnissen kultureller Art vermitteln, übersetzen, Kinderspielzeug organisieren und vieles mehr.

In der Zwischenzeit waren mehrere Hundert Menschen in Unna-Massen angekommen. Von der Landestelle als Dolmetscher beauftragt fuhr ich mindestens einmal pro Woche dorthin. Auch dort kannte ich einige Menschen aus Prishtina, viele andere lernte ich neu kennen. Die Landesstelle Unna-Massen hatte viel Erfahrung mit der Flüchtlingsarbeit, seit Jahrzehnten kamen hier Flüchtlinge und Spätaussiedler unter. Es hatten sich feste Strukturen aufgebaut. Sehr schnell wurden Deutschkurse für Flüchtlinge, eine psychologische Beratungsstelle, ein Kindergarten und vieles anderes angeboten. Meine Eltern und andere Lehrkräfte für den muttersprachlichen Albanischunterricht halfen bei der Einrichtung einer albanischen Schule im Camp mit.

Sie versorgten die Lehrkräfte, die selbst als Flüchtlinge mitgekommen waren, mit Lehrmaterial. Zusätzlich erhielten die Kinder auch Deutschunterricht.
In dieser Zeit habe ich Menschen kennen gelernt, zu denen ich bis heute – über 20 Jahre danach – immer noch Kontakt habe. Es war eine Ausnahmesituation, die uns viel abverlangt hat, uns aber als Menschen auch nähergebracht hat.
Die meisten der Flüchtlinge aus Castrop-Rauxel und Unna-Massen entschieden sich für eine schnelle Rückkehr in die Heimat, als der Krieg am 12. Juni 1999 vorbei war und die serbischen Kräfte Kosovo verlassen hatten. Zuvor unterzeichneten die NATO-Truppen im mazedonischen Kumanova mit den serbisch-jugoslawischen Kräften ein Abkommen, worin Serbien die Verpflichtung einging, sich aus dem Kosovo zurückzuziehen und NATO-Truppen das Terrain zu überlassen.
Das Ende des Krieges und die Friedensvereinbarung haben wir mit den Campbewohnern in Unna-Massen und Castrop-Rauxel gefeiert. Die Menschen konnten es kaum abwarten, in ihre Heimat zurückzukehren, obwohl sie nicht genau wussten, was sie dort erwartet. Ob ihr Haus noch steht beispielsweise. Ob die Straßen vermint sind. Ob Lebensmittel vorhanden sein würden. Alle diese Fragen standen im Hintergrund gegenüber dem riesigen Heimweh und dem Wunsch, so schnell wie möglich heimzukehren. Die Verabschiedung war tränenreich und herzzerreißend.

Viele ehrenamtliche Helfer hatten sehr viel Zeit und Energie in eine ordentliche und menschenwürdige Betreuung für die Menschen aus meiner Heimat investiert. Ihnen gebührt mein höchster Respekt.

Mirupafshim në Kosovën e lirë!
(Auf Wiedersehen im freien Kosovo!)

Dieser in den neunziger Jahren geläufige Abschiedswunsch, den alle Kosovo-Albaner aus jener Zeit kennen, schien damals unrealistisch und utopisch. Es gibt sogar ein bekanntes Lied der Sängerin Ganimete Abazi-Ganja mit dem gleichnamigen Titel. Noch konnte keiner richtig daran glauben, dass Kosovo frei werden sollte. Dass eine Einreise dorthin nach so vielen Jahren wieder möglich sein würde, ohne dass man sein Leben riskieren müsste.
Noch während des Krieges hatten wir meine Oma zu uns nach Deutschland geholt. Wir hatten sie mit einem Besuchervisum eingeladen – die deutsche Botschaft in Mazedonien hatte ihrem Antrag zugestimmt, sodass Oma schließlich von Shkup nach Düsseldorf fliegen konnte. Wir freuten uns sehr, dass sie in Sicherheit war, da in jener Zeit Gerüchte die Runde machten, dass der Krieg auch auf das mazedonische Gebiet überschwappen könnte.
Oma war natürlich sehr gezeichnet von den traumatischen Erlebnissen, die sie auch in Deutschland begleiteten. Sie weinte viel und litt unter Heimweh, da sie nicht gewohnt war, für längere Zeit weg zu sein. Sie war auch nicht der Typ, der gern weit reiste. Die Ausnahmesituation machte ihr dementsprechend viel zu schaffen. Wir alle versuchten sie aufzumuntern und abzulenken, gingen mit ihr im Park und in der Stadt spazieren. Meine Onkel – zwei ihrer Söhne, die damals in Deutschland lebten – kümmerten sich ebenfalls um sie. Nichts half gegen ihre schlechte Verfassung. Sie wollte so schnell wie möglich zurück.
Als die NATO-Truppen im Kosovo einmarschierten, war ihre Freude sehr groß. Sie sagte meinem Vater, dass sie nach Hause will. Mein Vater erfüllte ihr den Wunsch und

buchte für sie und für sich einen Flug von Düsseldorf nach Shkup in Mazedonien. Der Flughafen Prishtina war für zivile Flüge noch nicht im Betrieb, da er von den NATO-Truppen genutzt wurde.
Als wir meine Oma verabschiedeten, waren wir natürlich sehr traurig, aber auch sehr froh, dass sie endlich nach Hause durfte. Man konnte ihr die Freude buchstäblich ansehen, ihr Lächeln war wieder da.
Vater und Oma fuhren zuerst zu meiner Tante nach Tetova. Dann nahm mein Vater den Kleinwagen meines Onkels, den dieser nach der Flucht aus Prishtina bei der Tante zurückgelassen hatte, und fuhr mit Oma nach Prishtina. Mein Onkel war mit seiner Familie von England als Flüchtling aufgenommen worden. Sie waren einige Monate in der Stadt Preston bei Manchester untergebracht, später kamen sie bei meinem schon länger in London lebenden Onkel unter. Bald kehrten sie aber ebenfalls nach Prishtina zurück.
Das war die Zeit, als sehr viele Auswanderer von überallher – nicht nur die Kriegsflüchtlinge – sich spontan entschlossen, in den Kosovo zurückzukehren und zum Wiederaufbau des Landes beizutragen. Viele mussten auch rasch zurück, um ein Haus für ihre Angehörigen zu bauen. 80 Prozent der Häuser im Kosovo waren zerstört, die meisten davon auf dem Land. 13.000 Menschen waren getötet worden. Mehrere Tausend galten als verschollen. Unzählige Frauen und Mädchen wurden vergewaltigt.
Aber diese schreckliche Kriegsbilanz hielt niemanden davon ab, in die Heimat zurückzukehren. Alle wollten ihre Eltern, Großeltern, Geschwister, Ehefrauen, Kinder, Freunde, Cousins und die weiteren Angehörigen wiedersehen und sie in dieser schwierigen Zeit unterstützen. Nicht wenige suchten zuerst die Friedhöfe auf, da ihre Familienmitglieder nicht überlebt hatten.

Da mein Vater meine Oma nach Prishtina begleitet hatte und unser dortiges Haus zum Glück noch stand, fuhr ich nicht sofort dahin – auch wenn ich ihnen sehr gern schon im Sommer gefolgt wäre. Noch war es aber wegen der vielen Minen gefährlich und unsicher. Mein Vater kaufte Grundnahrungsmittel und Holz für meine Oma und die anderen ein, damit sie diese schwierige Zeit überstehen konnten, bevor er nach Deutschland zurückfuhr. Bald kam mein Onkel aus England wieder, sodass meine Oma nicht mehr allein war.

Im September 1999 war es dann soweit. Ich hatte meinen Flug nach Shkup gebucht und war sehr aufgeregt, was mich im Kosovo erwartete. Ich freute mich natürlich riesig, meine Verwandten und meine Freunde nach mehr als vier Jahren wiederzusehen. Meine Stadt wiederzusehen.

Schon in Düsseldorf hatte ich einige Bekannte getroffen, die so wie ich vom mazedonischen Flughafen nach Prishtina mussten. Damals war es für die Menschen noch unsicher zu reisen und wir muteten keinem Verwandten zu, nach Mazedonien zu fahren, um uns abzuholen. Wir einigten uns darauf, dass wir gemeinsam ein Taxi nach Prishtina nehmen werden.

Wir fuhren über Bllacë, ein Dorf mit einem Flüchtlingslager an der kosovarisch-mazedonischen Grenze, das weltweit eine traurige Berühmtheit erlangt hatte. Noch waren kaputte Zelte, Holz, Kleidung und Müll von den vielen Menschen zu sehen. Gleich hinter der Kleinstadt Kaçanik im Kosovo wurden wir dann mit voller Wucht mit den Folgen des Krieges konfrontiert. Ein riesiger Friedhof mit frischen Gräbern war rechts von der Hauptstraße zu sehen. Wir konnten unsere Tränen nicht zurückhalten. Der Taxifahrer fragte uns, ob er anhalten soll. Wir bejahten.

Wortlos stiegen wir aus, gingen langsam über den Friedhof, um der Toten zu gedenken, und weinten. Viele der Opfer waren noch jünger als ich. Ich konnte es kaum aushalten. So viele Menschen waren getötet worden!
Die damalige Landstraße von der mazedonischen Grenze nach Prishtina war während des Krieges schwer beschädigt worden. Deswegen dauerte die Fahrt länger als sonst. Fast zwei Stunden fuhren wir an meist zerstörten Dörfern und Häusern vorbei. Andere Friedhöfe mit frischen Gräbern konnten wir ebenfalls sehen.
Überall sah man NATO-Militär mit schwerem Gerät. US-Truppen, Briten, Italiener, Deutsche, Franzosen. KFOR-Truppen hießen sie jetzt. Ein sehr ungewohntes Bild für Kosovo. Ich freute mich riesig, dass Kosovo endlich frei war und von der NATO geschützt wird. Ich fühlte mich irgendwie wie in Trance. Alles erschien mir so unwirklich, so anders.

Prishtina erreichten wir am frühen Abend. Die Stadt war glücklicherweise von massiven Zerstörungen verschont geblieben, sodass fast alles noch da war, was ich kannte. Sehr viele Menschen waren unterwegs, auf den Straßen spielten Kinder, die Cafés waren voll, bereits kurz nach dem Krieg schien sich meine Heimatstadt wieder einigermaßen erholt zu haben. Eine Aufbruchsstimmung war zu spüren. Die Freude, überlebt zu haben. Die Freude, frei zu sein.

Meine Oma hatte von meinen Eltern erfahren, dass ich heute Abend kommen würde. Sie hatte stundenlang «jahni me mish viçi» (Zwiebelsuppe mit Rindfleisch) gekocht und «pite me spinaq» (Gefüllte Blätterteigtaschen mit Spinat) gebacken. Zwei Gerichte von ihr, die ich seit meiner Kindheit liebe. Das wusste sie natürlich.

Schon auf dem Hof roch ich die vertrauten Speisen und fühlte mich gleich zuhause. Meine Oma wartete bereits auf mich, sie hatte den Wagen gehört. Auch meine Tanten waren da, um mich zu begrüßen. Weitere Cousinen, Onkel, sogar ein Cousin meines Vaters war mit seiner Familie da. Sein Haus in seinem Dorf war zerstört worden, er war praktisch obdachlos. Mein Vater hatte ihm unser Haus überlassen, bis er eine andere Lösung finden würde. Ich wohnte während meines Aufenthalts dann bei Oma, wo ich aufgewachsen bin.
So ein rührendes Wiedersehen lässt sich schwer in Worte fassen, wenn man es nicht selbst erlebt hat. Ich hätte mir das vorher auch nie vorstellen können. Meine größte Freude war, dass fast alle meine Angehörigen überlebt hatten und dass ich meine Oma wieder so glücklich sehen durfte. Sie war sie so aktiv, so umtriebig, so stark, so lebensbejahend, wie sie es immer schon war, obwohl sie zu dem Zeitpunkt schon über 70 Jahre alt war. Ihr schönes Lächeln war wieder da. Ihre positive Energie.
In der Zeit während des Krieges wäre sie beinahe zugrunde gegangen.

Der Abend wurde lang. Es kamen immer mehr Verwandte, die mich sehen wollten. Alle wollten mir erzählen, wo sie im Krieg gewesen waren und was sie erlebt hatten. Obwohl ich sehr müde war und die Geschichten sehr traurig und emotional waren, hatte ich die Geduld und die Kraft, ihnen zuzuhören.

Am nächsten Tag wachte ich schon um fünf Uhr auf. Ich konnte einfach nicht mehr schlafen, da ich unbedingt in die Stadt wollte. Um sechs drehte ich eine Runde durch die Orte meiner Kindheit, ging über den alten Markt, durch den Park, sah nach, ob meine alte Grundschule noch stand, ging in die Innenstadt und so weiter.

Es waren nicht viele Menschen unterwegs. Einige Bäckereien machten gerade auf und es roch lecker nach frischem Brot und Milchbrötchen. In Ruhe konnte ich durch die alten Straßen und Gassen meiner Stadt schlendern und war sehr glücklich, dass es sie noch gab. Es hätte auch anders kommen können.
Später besuchte ich viele Verwandte in Prishtina und in anderen Städten: einige von ihnen hatten Tote und Verschollene zu beklagen. Ich fuhr auch zu meinem Onkel mütterlicherseits nach Magura, den wir auf CNN gesehen hatten und der später von der Türkei als Flüchtling aufgenommen worden war. In der Zwischenzeit war er mit seiner Familie zurückgekehrt und wirtschaftlich ging es ihnen nun sehr schlecht. Ihn in einem solchen Zustand zu sehen, war ein Schock. Sein altes Haus stand noch, Diebe hatten aber in seiner Abwesenheit sein ganzes Hab und Gut gestohlen. Er musste ganz neu anfangen. Mein Vater hatte ihm aus Prishtina einige Möbel, Bettzeug und Grundnahrungsmittel gebracht. Ich half ihm auch.
Aber recht schnell fand er einen Job als Koch bei der italienischen Militärpolizei Carabinieri, wo er dann 15 Jahre tätig war. Dadurch konnte er seine Familie ernähren, das alte Haus renovieren und einrichten, und später baute er sogar ein neues Haus. Er ist heute Rentner und der ganzen Familie geht es gut.
Ich traf meine alten Freunde aus der Kindheit wieder, ging mit ihnen aus, wir hatten uns sehr viel zu erzählen, tranken Bier und hörten Musik. Meinen vierundzwanzigsten Geburtstag feierte ich dort und lud viele Verwandte und Freunde zu meiner Oma ein. Auch einige neue Freundinnen und Freunde, die ich in Castrop-Rauxel und Unna-Massen kennengelernt hatte, kamen dazu. Es wurde ein richtig gutes, emotionales und schönes Fest.

Kosovo stand ab jetzt unter Schutz der NATO und wurde von den Vereinten Nationen, der sogenannten UNMIK (United Nations Mission in Kosovo), verwaltet. Plötzlich waren in Prishtina und anderswo Menschen aus aller Welt zu sehen, die für die UNO oder für andere Hilfsorganisationen arbeiteten. Demgegenüber lag die Wirtschaft im Kosovo brach, sie existierte praktisch nicht mehr. Vor dem Krieg hatte ein Großteil der Bevölkerung von der Landwirtschaft gelebt.

Durch die Zerstörungen war aber vielen Bauern die Existenzgrundlage weggebrochen. Sie bekamen zwar Hilfe für einen Neubeginn, aber viele zogen in die Städte, weil das Leben dort einfacher war. Es gab auch mehr Jobs bei der KFOR oder bei der UNMIK, sei es als Fahrer, Dolmetscher, Bauarbeiter, Putzfrau, Gärtner, Babysitterin, Köchin oder Haushälterin. Viele haben den Mitarbeitern der internationalen Organisationen auch ihre Häuser und Wohnungen vermietet und dadurch gutes Geld verdient. Überhaupt haben sehr viele Menschen ihren heutigen Wohlstand und die wichtige Aufbauhilfe der internationalen Gemeinschaft zu verdanken. Sie war es, die in dieser schwierigen Zeit Arbeitsplätze schuf. Ein anderes, wenn nicht überhaupt das wichtigste Standbein für die Wirtschaft und den Wiederaufbau Kosovos ist die finanzielle Unterstützung durch die im Ausland lebenden Kosovarinnen und Kosovaren. Es gibt keine Familie im Kosovo, von der nicht jemand in der Schweiz, in Deutschland, in Österreich, in den skandinavischen Ländern oder in den USA lebt. In London gibt es zudem eine große aus Prishtina stammende Gemeinde. Die Weltstars Rita Ora und Dua Lipa kommen aus solchen Familien.

Sie alle halfen und helfen immer noch ihren Angehörigen in der Heimat. Sie bauten Häuser für die Eltern, für die Familien, halfen Angehörigen, ein Geschäft oder einen

Betrieb zu eröffnen, gründeten Firmen in der Heimat und investierten ihre ganzen Ersparnisse in solche Projekte. Nicht alle waren erfolgreich. Einige waren von den Verhältnissen im Kosovo auch enttäuscht und verließen das Land wieder. Das tat aber der allgemein herrschenden guten Stimmung keinen Abbruch. Die Menschen wollten wieder in Würde, in Freiheit, in Sicherheit leben. Und in Wohlstand natürlich auch. Einige schafften es aus eigener Kraft, der Armut zu entfliehen. So wie mein Onkel und viele andere auch.

Ich kenne Familien aus Prishtina, auch aus meiner Verwandtschaft, die vor 30 Jahren in bitterster Armut, in einem Zimmer ohne Bad gelebt haben. Ihre Kinder hatten im Winter weder Schuhe noch Jacken und mussten hungrig zu Bett, weil der Speiseschrank leer war. Heute geht es den meisten viel besser, sie haben genug zu essen und zu trinken, sie haben neue und große Häuser gebaut, sie haben gute Kleidung, sie haben Autos und fahren sogar in Urlaub. Daran wäre früher nicht zu denken gewesen. Es gibt immer noch Armut, das ist Tatsache. Aber auf keinen Fall so schlimm wie früher.

Das wird manchmal bei den aktuellen Diskussionen im Kosovo selbst vernachlässigt. Es wird zu sehr mit dem Westen verglichen, ohne zu wissen, wie das wirkliche Leben dort aussieht. Im Vergleich zu den Nachbarländern auf dem Balkan steht Kosovo gar nicht so schlecht da.

Die Menschen in Serbien, Nordmazedonien, Albanien, selbst in den EU-Ländern Rumänien und Bulgarien haben teilweise keinen so hohen Lebensstandard wie viele im Kosovo. Fast alle hier besitzen ein Haus oder eine Wohnung, und zwar nagelneu. Manche besitzen sogar beides: ein Haus auf dem Land, eine Wohnung in der Stadt. Die Cafés, Restaurants, Shopping-Centers und die Innenstädte sind immer voll.

Ein großer Schwachpunkt im Kosovo ist allerdings, dass zu wenig im Land produziert wird, dass fast alle Waren eingeführt werden müssen und dementsprechend teuer sind. Es gibt zwar einige einheimische Fabriken, leider aber zu wenige. Und die ausländischen Investoren halten sich bis heute aufgrund der unsicheren und labilen politischen Lage im Kosovo zurück.
Mit anderen Worten, Kosovo geht es nach dem Krieg viel besser. In jeder Hinsicht. Natürlich könnten in der Politik, in der Wirtschaft und im Bildungsbereich kompetentere und glaubwürdigere Menschen tätig sein, als es aktuell der Fall ist. Aber vielleicht kommt das noch. Es gibt so viele gut gebildete Menschen im Kosovo und in der Diaspora, die ihren Beitrag leisten könnten, damit es dem Land besser geht. Die Korruption und die Vetternwirtschaft innerhalb der politischen Kreise müsste gnadenlos bekämpft werden. Es müssten neue Perspektiven für eine berufliche Ausbildung und für mehr soziale Sicherheit und Wohlstand im Land geschaffen werden. Nur diese Maßnahmen können die anhaltende Tendenz stoppen, dass viele enttäuschte Menschen Kosovo den Rücken kehren und ihr Glück im Ausland suchen.
Trotz vieler Schieflagen in der Wirtschaft, politischen Machtkämpfen und anderen negativen Entwicklungen war es dem Parlament im Kosovo 2008 gelungen, die Unabhängigkeit des Kosovo auszurufen. Am selben Tag erkannten die USA, die Schweiz, Deutschland, Großbritannien, Italien und viele andere Länder Kosovo als unabhängigen Staat an. Serbien allerdings betrachtet Kosovo bis heute als eigenes Staatsgebiet und lehnt eine Anerkennung vehement ab.
Mit der Unabhängigkeitserklärung war für alle Kosovo-Albaner ein lang ersehnter Traum in Erfüllung gegangen.

Zum Zeitpunkt unserer Auswanderung im Jahr 1990 schien das noch sehr, sehr weit weg, eigentlich unerreichbar. Und doch durften wir alle diesen Tag erleben. Gefühlt alle Albaner waren an diesem Sonntag, dem 17. Februar 2008, auf den Beinen und haben in Prishtina, Tirana, Shkup, Rom, Bern, Paris, Berlin, New York, London etc. ihre große Freude zum Ausdruck gebracht. Sie tanzten, sangen, umarmten sich, weinten vor Glück.

Mit meinen Eltern und meinem Bruder haben wir erst in Gelsenkirchen gefeiert, später am Abend sind wir dann nach Düsseldorf gefahren, wo eine richtig große Party in der Altstadt, direkt am Rheinufer stieg. Mehrere Hundert Menschen tanzten und sangen ausgelassen zu Live-Musik. Unvergessliche Augenblicke für alle!

Vom Helfer aus Tradition zum Berufshelfer

Die Kultur des Helfens, sei es innerhalb der Familie, in der weiteren Verwandtschaft, unter Nachbarn und Freunden, aber auch für Fremde, ist in der albanischen Kultur stark verankert und gehört einfach dazu. Als Kind lernt man, für die Geschwister, Eltern, Großeltern und andere Verwandte und Bekannte Verantwortung zu übernehmen und das, was man hat, zu teilen und überall dort zu helfen, wo es nötig ist. In einer armen Region wie dem Kosovo war dies früher überlebensnotwendig: so etwas wie staatliche Fürsorge gab es einfach nicht. Sozialhilfe wurde, wenn überhaupt, nur in schweren und besonderen Fällen gewährt. Armut war gang und gäbe, alle waren aufeinander angewiesen. Diejenigen, denen es etwas besser ging, sahen sich verpflichtet, Ärmeren mit Lebensmitteln zu helfen. Aber auch Arme halfen anderen Armen mit Sachen oder Dienstleistungen.
Von meinem Opa ist überliefert, dass er trotz seiner eigenen ärmlichen Verhältnisse jederzeit Verwandten und Nachbarn beistand. Manchmal brachte er sogar Fremde mit nach Hause, die in der Stadt gestrandet waren, weil ihr letzter Bus ins Dorf schon weg war und sie sich kein Hotelzimmer leisten konnten. Auch nahe und entfernte Verwandte waren häufig zu Besuch. Diesen Gästen wurde stets eine warme Mahlzeit serviert und ein Bett zur Verfügung gestellt. Manchmal waren auch Viehhändler dabei, die noch Kühe oder Pferde mitbrachten. Auch für deren Wohl haben dann meine Großeltern gesorgt. Mein Opa handelte teilweise selbst mit Vieh und verdiente damit Geld, um sich ein Kalb oder ein Lamm für die große Familie zu leisten. Gutes Essen war ihm wichtig, erzählt man. Ich glaube, diese Eigenschaft habe ich von ihm geerbt!

Es gab dann jeweils ein großes Festessen mit Kalb- oder Lammbraten, der Rest des Fleisches wurde an arme Verwandte und Nachbarn verteilt.
Werkzeug wurde unter Nachbarn getauscht und ausgeliehen. Fehlten Zutaten für eine Mahlzeit, fragte man ebenfalls bei den Nachbarn. Oder sie kamen ihrerseits und baten um Hilfe. Ich kann mich auch nicht erinnern, dass jemals bezahlte Handwerker bei uns tätig gewesen wären. Irgendjemand aus der Familie konnte immer gut streichen oder andere Handwerksarbeiten ausführen, den holte man sich und er arbeitete bis alles fertig war. Für gutes Essen und Trinken wurde gesorgt. Für solche Dienstleistungen Geld zu verlangen oder anzubieten war nicht üblich.
Ob Garten- oder Feldarbeit, Renovierungsarbeiten, beim Hausbau oder wenn etwas Schweres zu tragen war: zu allen Anlässen waren Familie und Freunde zugegen. Diese Selbstverständlichkeit, mit der man geholfen hat, war beeindruckend. Das nimmt leider in den letzten Jahren auch in Kosovo stark ab.
Natürlich gab es auch damals Menschen, die diese Tradition ausgenutzt und mehr genommen als gegeben haben. Sie waren aber nicht sehr zahlreich und sahen sich bald gesellschaftlicher Ächtung ausgesetzt.
Diese kollektive und bedingungslose Hilfsbereitschaft hat mich schon in der Kindheit geprägt. Es gehörte einfach dazu, zu helfen oder Hilfe zu bekommen.
Nach unserer Einwanderung in Deutschland waren wir für die erste Zeit selbst in dieser Situation, wo uns geholfen wurde. Dies betraf vor allem meinen Vater.
Es muss ihm sehr schwergefallen sein, Hilfe anzunehmen, war er doch als Ältester von zehn Geschwistern und als sehr fleißiger und selbstständiger Mann eher gewohnt, anderen zu helfen.

Er kam Ende November 1989 am Flughafen Düsseldorf mit nur einem Koffer an und wusste noch nicht, wo sein Zuhause in Deutschland sein würde. Seine Freunde, die inzwischen auch meine nahen Vertrauten geworden sind, die Albanischlehrer Rifat Hamiti und Sami Thaçi, holten ihn ab und beherbergten ihn in der ersten Zeit. Er musste eine ganze Menge an Papierkram im Schulministerium erledigen, bis klar war, in welcher Stadt er unterrichten wird. Seine Freunde begleiteten ihn und halfen ihm natürlich dabei. In Gelsenkirchen angekommen, hatte er keine Bleibe. Bis er die Wohnung in Sutum von einem Landsmann übernehmen konnte, wohnte er für zwei, drei Wochen in einer Gastarbeiter-WG in Ückendorf. Dieser Gelsenkirchener Stadtteil war schon in den 60er und 70er Jahren neue Heimat für viele Migrantinnen und Migranten aus aller Herren Länder geworden. Spanier, Portugiesen und Süditaliener prägten das Stadtteilbild mit vielen Pizzerien, Cafés und Restaurants. Auch Migranten aus dem ehemaligen Jugoslawien hatten sich nach und nach hier niedergelassen. Es gab viele renovierungsbedürftige Altbauten, die Mietpreise waren relativ günstig und die einheimische deutsche Bevölkerung in eher fortgeschrittenem Alter.

In der besagten Wohngemeinschaft lebten 3 oder 4 Männer, die aus dem Kosovo stammten und in Gelsenkirchener Zechen und anderen Städten im Ruhrgebiet seit über 20 Jahren unter Tage arbeiteten. Ihre Familien lebten zu dieser Zeit noch in der Heimat. Mein Vater erzählt noch heute von der Wärme, der Gastfreundschaft und der Hilfsbereitschaft, die er von ihnen erfuhr. Auch von ihrer Bescheidenheit und Sparsamkeit. Sie lebten in kleinen und billigen Wohnungen zusammen, bekochten sich selbst und gaben kein Geld für Luxus aus.

Das schwer verdiente Geld war für die Großfamilien und die Kinder in der Heimat bestimmt, die ein besseres Leben haben sollten. Leider sind alle WG-Mitglieder bereits verstorben. Mein Vater hatte großen Respekt vor ihnen und hat sie regelmäßig besucht, auch bei ihrer Beerdigung war er anwesend.
Bei unserem ersten Umzug in Gelsenkirchen standen auf einmal zehn kräftige Männer bereit, die uns halfen. Auch bei Renovierungsarbeiten und der Küchenmontage waren stets Landsleute da, die uns unterstützten. Wir haben das natürlich auch unsererseits getan. Anfang der neunziger Jahre kamen immer mehr Flüchtlinge aus dem Kosovo und aus Albanien in Gelsenkirchen an. Mein Vater und ich begleiteten viele von ihnen zur Ausländerbehörde, zum Sozialamt oder zum Arzt. Ich half ihnen beim Ausfüllen von Formularen (was oft sehr schwer ist, selbst für Deutsche), begleitete sie zu Elternsprechtagen oder wenn es in der Schule ihrer Kinder Probleme gab. In dieser Phase machte ich also meine ersten Erfahrungen als Sozialpädagoge, noch ohne zu wissen, dass ich das irgendwann zu meinem Beruf machen würde. Auch meine ersten Schritte als Dolmetscher und Übersetzer machte ich zu jener Zeit, als der Bürgerkrieg in Jugoslawien immer dramatischere Ausmaße annahm und die Lage im Kosovo zusehends schwieriger wurde.

Die Suche nach dem richtigen Weg

Nachdem ich mich damals entschieden hatte, mein Studium an der Uni-Bochum nicht zu beenden und die Berufsberaterin in Gelsenkirchen mir empfohlen hatte, mein Glück im sozialen Bereich zu versuchen, bewarb ich mich sofort um ein Vorpraktikum im Flüchtlingsbüro der Evangelischen Kirche. Ich hatte von dieser Beratungsstelle natürlich schon gehört, eine engere Zusammenarbeit gab es aber bisher nicht. Nachdem ich zum Vorstellungsgespräch eingeladen worden war und meinen bisherigen Werdegang geschildert hatte, konnte ich dort sofort anfangen. Ich hatte bis dato über zehn Jahre lang ehrenamtlich Flüchtlinge und andere Migranten begleitet. Außerdem sprach ich fließend meine Muttersprache Albanisch, dazu Serbokroatisch und Englisch. Im Spanischen und teilweise im Türkischen konnte ich auch weiterhelfen.

Die Chemie zwischen den beiden Sozialarbeiterinnen und mir stimmte sofort und ich fühlte mich von Anfang an pudelwohl. Endlich konnte ich meine Erfahrungen sinnvoll einsetzen. Ich hatte eine ganze Menge an sozial- und ausländerrechtlichen Vorkenntnissen sammeln können, zudem hatte ich während der letzten Jahre die ganzen Entwicklungen in der Ausländer- und Flüchtlingspolitik aufmerksam verfolgt.

Ich verfasste Briefe für die Klientinnen und Klienten, machte Termine, telefonierte, organisierte die Sprechstunde, kopierte Dokumente, übersetzte, half bei Beratungen, begleitete die Menschen zur Ausländerbehörde, zum Sozialamt, zu Anwälten, half ihnen bei der Wohnungssuche und, und, und.

Mit den hilfesuchenden Menschen kam ich sehr gut zurecht. Natürlich gab es auch schwierige Situationen und Menschen, aber das gehört wohl dazu. Viele Menschen wussten nicht, ob sie in Deutschland bleiben können oder

wegmüssen. Das hat viele zermürbt. Ich habe Gespräche miterlebt, bei denen Menschen emotional zusammengebrochen sind, weil sie den Druck von behördlicher Seite nicht ausgehalten haben. Ich musste einige Abschiebungen miterleben, obwohl wir alles dagegen getan hatten. Es gab auch schwere Fälle von Gewalt in der Familie, Gewalt in der Beziehung und konfliktbeladene Situationen zwischen Flüchtlingen und Vertretern von Behörden. Wir konnten auf ein gut funktionierendes Netzwerk von Frauenberatungsstellen, Psychologen, Anwälten usw. zurückgreifen und versuchten stets zu vermitteln.
Trotz einiger Misserfolge gab es viele schöne Momente, wenn wir Menschen helfen konnten, das Bleiberecht in Deutschland zu erhalten. Oder wenn wir ihnen bei ganz normalen alltäglichen Anliegen zur Seite stehen konnten. Trotz der oft außergewöhnlich schwierigen Situation wurde viel gelacht und waren die meisten Menschen dankbar und positiv eingestellt.
Ich erinnere mich an eine aus Mazedonien stammende ältere Frau, die kurz zuvor Witwe geworden war und alleine lebte. Sie kam oft in die Beratung, um Briefe übersetzt zu bekommen. Oder ich begleitete sie zu Behörden. Sie hatte immer ein Lächeln im Gesicht. Eines Morgens kam sie mit einer Tüte selbstgebackener Milchbrötchen nach mazedonischer Art und schenkte sie uns. Ihr verstorbener Ehemann sei ihr im Traum erschienen und hätte ihr gesagt, sie solle ihre Dankbarkeit uns gegenüber stärker zeigen und für uns backen. Das war das erste Mal, dass sie weinte. Ich auch. Wir auch. Manchmal kam sie einfach so vorbei, um Gesellschaft zu haben. Sie war einsam, wie viele andere auch.
Ich lernte viel Neues dazu, vor allem Verwaltungstätigkeiten und Organisation, die Strukturen der kirchlichen Träger und anderer Einrichtungen der Migrationsarbeit, wie auch viele neue rechtliche Bereiche.

Meine Grundlagen für die Arbeit als professioneller Helfer verfestigten sich in dieser Zeit ebenfalls. Es war ab nun ein Unterschied, ob ich als Privatmensch etwas für Bekannte tue oder ob ich in einem Büro mit festen Öffnungszeiten sitze. Das hat auch Auswirkungen auf die Wertschätzung. Die Grenzziehung zwischen der privaten und der professionellen Hilfe gelang immer besser. Auch mein Gespür für eine gesunde Balance zwischen Nähe und Distanz zu den Klienten wurde klarer.

Ich war zu dieser Zeit 27 Jahre alt und hatte eine gewisse Reife erreicht, wie sie für die schwierige Sozialarbeit notwendig ist. Im Nachhinein finde ich es gut, dass ich mich erst später für diese berufliche Veränderung entschieden habe, nachdem ich bereits Erfahrungen in vielen Bereichen gesammelt hatte. Direkt nach dem Abitur in die Sozialarbeit einzusteigen, wäre es zu früh gewesen, diese Meinung vertrete ich bis heute.

Meine beiden Kolleginnen verfügten damals schon über ein großes Netzwerk an professionellen Akteuren der sozialen Arbeit: Lehrkräfte, Anwälte, Aktivisten, Vertreter aus Politik und Verwaltung, Hochschuldozenten etc. Hiervon profitiere ich noch heute bei meiner Arbeit als Sozialpädagoge.

Das Praktikum dauerte sechs Monate, es verging wie im Flug. Ich kann kaum beschreiben, wie viel an Selbstbewusstsein und Selbstwertgefühl ich durch diese wertvolle Zeit und wichtige Arbeit gewonnen habe. Mein Bauchgefühl sagte mir: «hier bist du richtig».

Ich war voller Tatendrang und bewarb mich im Sommersemester 2003 sofort für den Diplomstudiengang Sozialpädagogik an der Evangelischen Fachhochschule Rheinland-Westfalen-Lippe in Bochum.

Ein Studium in Turbogeschwindigkeit

Meine Bewerbung war erfolgreich. Ich bekam den Studienplatz im Diplomstudiengang Sozialpädagogik. Bewertet wurde nach einem Punktesystem, bei dem berufliche Erfahrung im sozialen Bereich, Praktika und die persönliche Reife und Eignung berücksichtigt wurden.
Mit dem guten Gefühl und der Motivation, die ich von meinem sechsmonatigen Praktikum mitnahm, nahm ich mein Studium an der Fachhochschule auf. Ich fühlte mich in dieser, im Vergleich zur Uni, kleinen und gemütlichen Schule von Anfang an sehr wohl. Die Einführungswoche wurde von den etwas älteren Kommilitoninnen und Kommilitonen geplant und durchgeführt. In kleineren Gruppen lernten wir uns kennen, frühstückten zusammen und bekamen die Fachhochschule in all ihren Facetten gezeigt. Die Professoren und die Lehrbeauftragten stellten ihre Fächer und die Seminare vor, sodass wir ein klares Bild hatten, was uns erwartete und worauf wir uns einstellen konnten. Ich musste währenddessen ständig an meine Zeit an der Ruhr-Uni denken. Dort lief die Vorstellung der Uni und der Empfang eher kurz und spärlich ab. Eine derartig intensive und freundliche Betreuung wie hier hatte ich zuvor in keiner Schule erlebt.
Das erste Semester begann. Ich wählte meine Pflichtseminare aus dem umfangreichen Angebot aus. Auch die Studien- und Prüfungsordnung war an der Fachhochschule verständlicher und klarer formuliert als an der Uni. Der Stundenplan wurde nicht vorgegeben, aber ich fühlte mich sehr gut informiert und begleitet.
Das Fach Pädagogik hatte ich in meiner Schulzeit nicht belegt. Warum eigentlich nicht? Keine Ahnung. Es machte mir so viel Spaß, dass ich mich richtig in diese Materie hineinverbiss.

Auch Fächer wie Didaktik und- Methodik der Sozialpädagogik, Psychologie, Soziologie und Politikwissenschaften hatte ich bisher nicht belegt. Ich war jeden Tag zu Vorlesungen, Seminaren und Übungen anwesend und konnte nicht genug bekommen.

Das wichtige Fach Rechtswissenschaften war etwas schwieriger, es machte mir teilweise Spaß, konnte allerdings zwischendurch auch langweilig sein. Ich musste aber durch! Die Erfahrung aus der Uni lehrte mich, dass ich dranbleiben musste, um zu bestehen. Hätte ich wieder viel Zeit verstreichen lassen, hätte ich die schwierige Endprüfung in Recht gar nicht oder mit einer schlechten Note bestanden. Im vierten Semester hatte ich fast alle Scheine in allen Fächern und konnte es kaum fassen. Auch in Recht hatte ich eine 2,7 bekommen! Unglaublich!

In den Semesterferien machte ich zwei Pflichtpraktika in Schulsozialarbeit und ein Auslandspraktikum beim Sozialministerium im Kosovo. Hier lernte ich Zusätzliches aus der Praxis.

Im fünften Semester war dann die Diplomarbeit dran. Hier recherchierte ich viel in der Bibliothek und arbeitete viel zuhause nach. Meine Erfahrungen mit wissenschaftlicher Arbeit aus meiner Uni-Zeit kamen mir hier zugute. Ich musste also keine zusätzlichen Kurse belegen, um wissenschaftliches Arbeiten zu lernen. Ich konnte das schon ganz gut.

Während des Studiums haben mich viele Handlungsfelder interessiert, die Tendenz ging aber da schon damals Richtung Schulsozialarbeit. Kein Wunder: Als Lehrerkind wuchs ich praktisch in und mit der Schule auf. Meine Eltern nahmen meine Schwester und mich oft in die Schule mit, vor allem zu Festen oder Ausflügen. Auch der große Freundeskreis meiner Eltern bestand überwiegend aus Lehrerinnen und Lehrern.

Diese Sozialisation im Schulmilieu bringt mir in meinem jetzigen Job als Schulsozialpädagoge den Vorteil, dass ich genau weiß, wie Lehrkräfte in der Regel ticken. Und wie viel sie leisten müssen. Und dass sie manchmal zu Unrecht pauschal kritisiert werden. Und dass der Beruf auch vor dem Zuhause nicht Halt macht und rasch einmal ins Private überschwappt. Schon als Kind bin ich über Klassenarbeiten, Bücher und Arbeitsblätter gekrabbelt!
Ich schrieb also meine Diplomarbeit über Schulsozialarbeit und Mehrsprachigkeit in der Einwanderungsgesellschaft, wofür ich eine Auszeichnung für besondere Leistungen vom Rektorat der Fachhochschule erhielt.
Nicht nur das Studium und die Inhalte hatten mein bisheriges Leben verändert. Ich war inzwischen nach Bochum gezogen und wohnte nur 5 Minuten Fußweg von der Fachhochschule entfernt. Das war ein riesiger Vorteil. Ich konnte eben schnell in die Bibliothek, wenn ich etwas vergessen hatte. Oder schnell nach Hause, wenn ich Freistunden hatte. In dieser Zeit lernte ich viele Leute kennen, mit denen ich mich auch privat traf. Wir halfen und unterstützten uns gegenseitig im Studium. Ich konnte jetzt auch am sozialen und kulturellen Leben der Studierenden teilhaben. Für zwei Semester machte ich in der Band der Fachhochschule mit, fuhr bei mehreren Ausflügen mit und schrieb Artikel für die «EFH-Aktuell», die Zeitung der Evangelischen Fachhochschule Rheinland-Westfalen-Lippe. Im Schulchor war ich nur einmal bei einer Probe. Das war nicht so mein Ding.
Die Studienzeit verging wie im Flug. Meine Motivation war die ganze Zeit stark und wurde immer stärker. Anschließend ans Studium machte ich dann mein Anerkennungsjahr im Fachbereich Schule bei der Stadt Gelsenkirchen. Zuvor hatte ich dort schon ein kurzes Praktikum absolviert und war mit den Kolleginnen und Kollegen sehr gut ausgekommen.

Da ich aus Gelsenkirchen kam, kannte ich mich in der dortigen Schullandschaft und in den örtlichen Gegebenheiten gut aus.
Meine Aufgabe war, Migrantenkinder und ihre Eltern über das deutsche Schulsystem und seine Besonderheiten zu informieren. Hinzu kam die Leitung eines großen Förderprojektes, das von einer Stiftung finanziert wurde. Im Rahmen dieses Projekts förderten Lehramtsstudenten Migrantenkinder in den Hauptfächern Deutsch, Mathe und Englisch, damit sie bessere Bildungschancen und Erfolge erzielen konnten. Ich war für die Organisation und Verwaltung des Förderunterrichtes verantwortlich, der damals nachmittags in einer Schule stattfand. Dazu kamen Gespräche mit Eltern, auch mit solchen, die kein Deutsch sprachen und für die ich teilweise selbst Dolmetscher hinzuziehen musste, wenn ich sie nicht direkt in ihrer Muttersprache beraten konnte.
Studierende der verschiedenen Universitäten des Ruhrgebiets, die sich für die Teilnahme an diesem Projekt interessierten, mussten dann auf ihre Eignung geprüft, ausgewählt, geschult und begleitet werden. Auch hierbei half ich den Mitarbeiterinnen und Mitarbeitern des jetzigen Kommunalen Integrationsbüros in Gelsenkirchen.
Dieses Jahr war ebenfalls sehr kurzweilig, ereignisreich und gewinnbringend für meine berufliche Zukunft. Zu den ehemaligen Kolleginnen und Kollegen habe ich heute noch Kontakt. Gelsenkirchen bleibt nun mal Heimat! Oder, wie die Knappen in der Nordkurve leidenschaftlich singen:

«Ob ich verroste und verkalke,
ich gehe immer noch auf Schalke!»

Ein Job fürs Leben

Bereits während des Anerkennungsjahres hatte ich mich auf viele Stellen beworben, überwiegend aus dem Handlungsfeld Schulsozialarbeit. Einige Schulen luden mich zum Gespräch ein, andere nicht. Ein normaler Bewerbungsprozess. Die Gespräche verliefen gut, aber irgendwie schien die Chemie zwischen den Arbeitgebern und mir nicht ganz zu stimmen. Der berühmte Funken sprang einfach nicht über. Bis ich auf ein Angebot der Abendrealschule Dortmund aufmerksam wurde. Sie suchten einen Sozialpädagogen.

Mit Dortmund verband ich seit meiner Einwanderung eine Sympathie. In den frühen Neunzigern hatte ich dort beim Bundesamt für Flüchtlinge viel übersetzt, auch beim Dortmunder Nachtleben habe ich oft mitgemischt. Mit meinen damaligen Klassenkameraden sind wir oft ins «Spirit» gegangen, eine Diskothek in einem verrauchten Keller in der Innenstadt, wo Rock und Heavy-Metal lief. Dort habe ich die ersten «Grunge»-Hits gehört, also Lieder von Nirvana, Pearl Jam und Soundgarden. Ich weiß noch wie heute wie es war, als der berühmte Gitarrenriff von Pearl Jams «Alive» losging und alle im überfüllten Club sich fragten, wer denn diese richtig gute Band ist. Oder «Come as you are» von Nirvana. Eine tolle Zeit damals.

Als Gelsenkirchener durfte ich die Dortmunder Connection nicht so frei heraus posaunen, musste mich schon zurückhalten. Sie wissen schon, der Verein mit 04 am Ende war nicht so gut auf Dortmund zu sprechen.

Ich bewarb mich sofort auf die Stelle des Schulsozialarbeiters in Dortmund, wurde zum Vorstellungsgespräch eingeladen und freute mich riesig darauf. Schon vor dem Gesprächstermin fuhr ich einen Tag dahin, um zu sehen, was mich erwartet.

Die Schule befindet sich im Dortmunder Stadtteil Innenstadt-West, nicht weit vom Dortmunder U, dem Wahrzeichen der Stadt. Ich erinnerte mich schwach daran, früher bin ich dort oft in einer Kneipe gewesen. Diesen Laden, wie auch viele andere aus der früheren Zeit, gibt es heute nicht mehr. Dafür prägen inzwischen viele tamilische Restaurants, Hochzeitsläden, türkische Restaurants, einige deutsche Eckkneipen, albanische Pizzerien und eine alternative, junge Studenten- und Künstlerszene das Stadtteilbild. Aus dem ehemaligen Industrie- und Brauerei-Standort ist ein richtiges Multi-Kulti-Viertel geworden. Ich fühlte mich sofort wohl, als ich ankam. Das Unionviertel ist lebendig und strahlt Wärme aus.
Dann kam der langersehnte Gesprächstermin.
Ich war etwas früher da, wie immer, denn ich wollte natürlich pünktlich und gut vorbereitet sein. Ich spürte es irgendwie und sagte mir, das wird mein neuer Kiez, hier werde ich in Zukunft arbeiten. Ich glaubte fest daran und war sehr gespannt, wie ich in Dortmund empfangen werde, wie die Schulleitung ist und wie das Kollegium auf mich reagieren würde.
Der stellvertretende Schulleiter empfing mich sehr herzlich, als ich ankam. Noch war ich mit dem Gespräch nicht an der Reihe, ich wartete noch auf dem Flur. Ich nutzte die Zeit und schaute mir die vielen Informationen und Plakate an den Wänden an, um mir einen Eindruck zu verschaffen. Eine lebendige Schule, dachte ich. Ich ging rein. Sofort spürte ich eine warme Atmosphäre, fühlte mich sofort willkommen. Der Schulleiter, Falko Grunau, begrüßte mich mit außergewöhnlicher Herzlichkeit und einem strahlenden Lächeln. Schon hier wusste ich, mit diesem Mann wirst du gut zurechtkommen und gut zusammenarbeiten.

Das Gespräch verlief sehr gut. Ich konnte viel von meiner Person und von meinem Werdegang erzählen und vor allem von den Erfahrungen berichten, die ich im schulischen Bereich gesammelt hatte. Von den sozialpädagogischen und kulturellen Projekten, die ich an verschiedenen Schulen geleitet hatte. Ein Alphabetisierungsprojekt für Roma-Kinder in Essen-Katernberg zum Beispiel. Oder ein Sprachförderprojekt in Gelsenkirchen. Oder von meinem sozialen Engagement in der Migrationsarbeit. Die Schulleitung sowie einige der Kollegen stellten diesbezüglich Fragen, die ich gern beantwortete. Sie zeigten Interesse an mir und wirkten keineswegs berechnend.
Ich verließ das Gespräch und Dortmund mit einem sehr positiven und befreienden Gefühl.
Kurz danach bekam ich auch die Zusage für meine neue Stelle als Schulsozialarbeiter. Herr Grunau rief mich kurz vor Weihnachten an und freute sich, mir die gute Nachricht mitzuteilen. Das war das schönste Weihnachtsgeschenk, das ich je bekommen hatte. Ich freute mich wie ein kleines Kind und rief alle an, um es ihnen zu erzählen. Ich wusste genau: Endlich habe ich den Job, auf den ich so lange gewartet habe.
Und so kam es auch.
Schon in den ersten Tagen kamen Schülerinnen und Schüler in die Beratung. Der Schulleiter hatte mich einigen Klassen vorgestellt, dem Kollegium natürlich auch. Ich fing umgehend zu arbeiten an, ohne viel zu überlegen. Ich stieg sofort in die Thematik ein, lernte Menschen kennen, die im Erwachsenenalter Schulabschlüsse nachholen wollten. Bei diesem Ziel sollte ich ihnen zur Seite stehen, sie unterstützen, sozialpädagogisch begleiten und fördern. Die meisten kamen aus schwierigen Lebensverhältnissen und hatten ein Päckchen mitzutragen.

Ich hatte zu vielen von Anfang an einen guten Draht. Die einen hatten Ärger oder ein Problem mit dem Jobcenter, andere dasselbe mit der Agentur für Arbeit oder mit der Ausländerbehörde. Ich half ihnen, Briefe zu formulieren, Anträge zu stellen oder Formulare auszufüllen. Oder ich sprach direkt mit den zuständigen Sachbearbeitern der Behörden. Viele hatten Fragen zum Bewerbungsverfahren, zur Berufsorientierung und hinsichtlich der Suche nach einem geeigneten Ausbildungsplatz. Viele kamen auch mit anderen, privaten Anliegen – Beziehungsprobleme. Sucht. Gewalt in der Familie. Gewalt in der Beziehung. Psychische Erkrankungen. Körperliche Erkrankungen. Einsamkeit. Schulden. Insolvenzverfahren. Angst vor Abschiebung in die Herkunftsländer. Angst vor Krieg und um Angehörige in den Herkunftsländern. Versagensängste. Gewichtsprobleme. Schwierigkeiten im Unterricht. Schulphobie. Schulverweigerung in der Vergangenheit. Und, und, und.

Auch die Kolleginnen und Kollegen nahmen mich sofort und sehr herzlich im Kollegium auf. Sie empfahlen den Schülerinnen und Schülern meine Beratung, begleiteten sie auch zu mir, waren sehr kooperativ und wertschätzten meine Profession. Das erleichterte mir das Einleben in die neue Arbeit ungemein, dafür werde ich ihnen allen für immer sehr dankbar sein.

Die ersten Wochen nutzte ich intensiv, um mir einen Einblick in mein neues Handlungsfeld zu verschaffen. Gleichzeitig schrieb ich mein erstes Konzept zur Schulsozialarbeit und stellte es zwei Monate später in der Lehrerkonferenz vor. Dabei berichtete ich von meinen bisherigen Erfahrungen und meinen zukünftigen Plänen und Vorstellungen. Die Kolleginnen und Kollegen waren immer bereit, mich zu unterstützen. Ich bot ihnen natürlich auch meine Hilfe an. Die Zusammenarbeit zwischen uns ist seit nunmehr zehn Jahren sehr gut.

Neben der täglichen sozialpädagogischen Arbeit mit Schülerinnen und Schülern begannen wir, auch andere Schulprojekte ins Leben zu rufen und durchzuführen. Der sehr engagierte und schreibbegabte Schulleiter hatte mit dem Kollegium und den Schülern schon mehrere Ausgaben der Schulzeitschrift ARS (Abendrealschule)-Adler-Journal herausgebracht und fragte mich, ob ich mir vorstellen könnte, in die Redaktion mit einzusteigen. Natürlich stimmte ich zu und erzählte ihm, dass ich seit meiner Kindheit gerne schreibe. Ich durfte ein neues Layout gestalten und viele neue Ideen einbringen. Das Heft bringen wir seit über zehn Jahren heraus, es ist das Aushängeschild der Schule geworden. Landesweit sind wir das einzige Weiterbildungskolleg, das eine derartige Zeitschrift herausgibt. Dafür werden wir bewundert, aber auch beneidet. Dieses Projekt war für uns zur Herzensangelegenheit geworden.

Der Schulleiter und ich hatten viele Themen, die uns verbanden, die uns interessierten. Ich durfte manchmal in seinem Pädagogikkurs hospitieren und machte mir einen Eindruck vom Unterrichtsgeschehen. Bei seinem Projekt «Babysitter-Führerschein» zum Beispiel. Oder bei einem Besuch des Fußballmuseums in Dortmund im Rahmen seines Geschichtsunterrichts, wo ehemaliger deutsch-jüdischer Sportlerinnen und Sportler während der NS-Diktatur gedacht wurde. Manchmal lud mich Herr Grunau auch ein, zu bestimmten sozialpädagogischen Schwerpunkten Vorträge zu halten. Über «Mediation in der Schule». Oder über migrationsspezifische Themen.

Die Schulleitung, aber auch das gesamte Kollegium schätzen meine Erfahrungen in der interkulturellen Arbeit und im Umgang mit Zwei- und Mehrsprachigkeit sehr. Ich werde oft nach meiner Einschätzung und nach meiner Meinung zu allen möglichen Fällen gefragt.

Meine Kolleginnen und Kollegen weisen eine hohe Sensibilität gegenüber diesem Themenkomplex auf und machen eine tolle Arbeit. Auch der Schulleiter zeigte von Anfang an sehr viel Interesse für interkulturelle Themen. Die Einrichtungen des Zweiten Bildungsweges bieten seit ihrer Gründung vor mehr als 50 Jahren Fortbildungsmöglichkeiten für Migrantinnen und Migranten. Die Beschäftigung mit diesem Thema wurde natürlich intensiver, als 2015 sehr viele Flüchtlinge Deutschland und damit auch Dortmund erreichten. Seither werden an unserer Schule auch Deutsch-Sprachvorkurse angeboten. Für seinen außergewöhnlichen Einsatz und seine hohe Sensibilität in der interkulturellen Arbeit in der Schule und im Stadtteil bekam der Schulleiter Falko Grunau den Integrationspreis der Bezirksvertretung Innenstadt-West der Stadt Dortmund verliehen. Ich freute mich riesig mit ihm und war bei der feierlichen Verleihung im Dortmunder U natürlich dabei.
Auch mit den anderen Kolleginnen und Kollegen boten wir Bewerbungstrainings in Klassen an und erarbeiteten auch neue Projekte, wie z. B. das Ausstellungsprojekt «Das Unionviertel spricht viele Sprachen». Wir befragten die Schülerinnen und Schüler nach ihrer Herkunftssprache und kamen auf sage und schreibe 50 verschiedene Idiome! Das hätte ich nie gedacht, obwohl ich eine hohe Zahl vermutet hatte. Einige Sprachen, wie Englisch, Türkisch, Polnisch, Deutsch sowie Romanes (Sprache der Roma), Kurmanci (Nordkurdisch) und Kikuyu (eine der größten Sprachen in Kenia) stellten die jeweiligen Sprecher auf DIN A 3 Plakaten vor. Auf den anderen Aushängen wurde das Thema Mehrsprachigkeit und ihr Mehrwert anhand lebendiger Beispiele dargestellt. 28 Plakate wurden es insgesamt.

Die Ausstellung wurde inzwischen 6-mal in Dortmund gezeigt: Viermal bei verschiedenen Anlässen an unserer Schule und einmal zum Integrationstag im Rathaus, wo sie von Oberbürgermeister Ullrich Sierau eröffnet wurde.

Zudem wurde die Ausstellung im «Haus der Vielfalt», einem Dachverband der Migrantenvereine in Dortmund, einem breiteren Publikum über mehrere Monate zugänglich gemacht. Verschiedene Zeitungen, Zeitschriften und Internetportale haben über dieses Projekt berichtet.

Der Schulleiter bezog mich auch in schwierige Gespräche mit Schülerinnen und Schülern ein und fragte mich immer nach meiner Auffassung aus sozialpädagogischer Sicht. Ich hatte nie das Gefühl, dass ich die Entscheidungen der Lehrkräfte oder der Schulleitung damit in Frage stelle. Meine Profession und meine Qualifikationen werden bis heute als Bereicherung angesehen und mitnichten als Konkurrenz oder gar Besserwisserei. Auch die Tatsache, dass ich Lehrerkind und im Schulmilieu sozialisiert bin, half mir ungemein. Ich weiß, was es bedeutet, Lehrer zu sein. Daher habe ich einen großen Respekt vor den Herausforderungen und den Schwierigkeiten, die dieser Job, diese Berufung mit sich bringt. Ich glaube, dass das ganze Kollegium meine Haltung von Anfang an gespürt hat.
Ich fühlte mich endlich in meinem Beruf angekommen und lief zu Höchstform auf. Schnell baute ich mir in Dortmund, aber auch landesweit ein großes Netzwerk von Kolleginnen und Kollegen auf, mit denen ich sehr gut zusammenarbeite. Die meisten schätzen meine Arbeit und mein Engagement, daneben gibt es natürlich auch einige Neider. Ich glaube, damit muss ich leben. Man muss nicht jedem gefallen, ich will es auch gar nicht.

Mehrere regionale Zeitungen und drei überregionale Fachzeitschriften haben bereits über unsere Schule, die erfolgreiche Arbeit und meine Rolle als Sozialpädagoge berichtet. Vor Kurzem durfte ich ein Interview über «Einsamkeit in der Schule» geben. Ich freue mich immer, wenn ich die Gelegenheit bekomme, von meinen Erfahrungen aus der Praxis zu berichten. Bei einem Bundeskongress der Schulsozialarbeit an der Fachhochschule Dortmund durfte ich einen Vortrag über Mediation in der Schule halten. Auf anderen Veranstaltungen traten die Teilnehmerinnen und Teilnehmer meines Musikworkshops auf. Mit Schülerinnen, Schülern und dem ganzen Kollegium haben wir im letzten Jahr ein internationales Kochbuch herausgebracht. Deutsche und regionale Gerichte zusammen mit Rezepten aus vielen Ländern der Welt sollten zeigen, wie vielfältig unsere Schülerschaft, aber auch unsere Gesellschaft inzwischen geworden ist, dass dies eine tolle Gegebenheit darstellt und eine leckere noch dazu!
Mir ist immer wichtig zu betonen, dass «Schulsozialarbeit» nicht nur auf Probleme und Konflikte in der Schule reduziert wird. Sie kann und sollte viel mehr leisten: die Potenziale der Schülerinnen und Schüler nutzen, welche meist reichlich vorhanden sind.
Und auch schöne Sachen und Projekte miteinander ins Leben rufen, mit denen sich dann alle identifizieren können. Nicht nur auf das zu achten, was die Lernenden nicht können. Damit werden sie oft genug konfrontiert.
Ein Highlight in diesen zehn Jahren war zweifellos die Studienfahrt in meine alte Heimat Kosovo und nach Albanien, bei der ein großer Teil des Kollegiums mitgefahren ist. Zuvor hatte ich schon eine andere Lehrer- und Schülergruppe zusammen mit dem Albanischlehrer Kemal Çallaku aus Dortmund bei ihrer Reise durch den Kosovo, Nordmazedonien und Albanien begleitet.

Es hatte mir sehr viel Spaß gemacht, auch wenn es sehr anstrengend war. Dann kam mir die Idee, eine Fahrt mit meinem Kollegium zu organisieren. Ich stellte mein Reisekonzept vor, sofort meldeten sich die meisten an. Das freute mich sehr. Ich begann schon ein Jahr vorher mit der Planung, denn es war mir sehr wichtig, meinen Kolleginnen und Kollegen Kosovo und Albanien von der besten Seite zu zeigen.

Für alle war es das erste Mal, dass sie in dieser Region waren. Schon am ersten Abend in Prishtina waren wir bei Verwandten von mir zum Essen eingeladen, und zwar bei einem Cousin zweiten Grades, zu dem ich sehr enge Kontakte pflege. Meine Kolleginnen und Kollegen hatten zuvor noch nicht erlebt, dass verwandtschaftliche Beziehungen einen derart hohen Stellenwert genießen wie im Kosovo. Doch diesen Stellenwert haben sie tatsächlich. Gute soziale Kontakte zur Familie und zu Freunden stehen dort ganz oben auf der Agenda. Das merken ausländische Besucher sofort und sie lernen dadurch auch sofort und problemlos Einheimische kennen. So wie meine Mitreisenden auch. Gerade angekommen und den Koffer noch nicht richtig ausgepackt – und schon waren sie im großen Wohnzimmer einer albanischen Familie und wurden mit der überwältigenden Gastfreundschaft und Herzlichkeit empfangen, die für den Kosovo charakteristisch ist. Zu Gast waren wir bei der berühmten Familie Aliu (Hertica) aus Prishtina, die zwischen 1991 und 1999 ihr neues Haus dem Gymnasium «Sami Frashëri» als Ersatz zur Verfügung gestellt hatte, damit der Unterricht weiterhin stattfinden konnte. Zuvor waren die albanischen Lehrer und Schüler aus ihrem Schulgebäude vertrieben worden. Während des Krieges 1999 kam es zu mehreren Artillerieangriffen gegen die Schule; das Gebäude ist schwer beschädigt worden.

Es dient heute als Museum und stiller Zeuge einer schwierigen Zeit im Kosovo – einer Zeit, als die Menschen viele Opfer gebracht haben, um sich dem serbischen Unterdrückungsregime nicht zu beugen. Wie oft wurden Schülerinnen und Schüler und auch die Lehrer dieser Schule geschlagen und verhaftet! Ein großer Teil der Familie Aliu musste nach Deutschland fliehen, weil sie sonst im Gefängnis gelandet wären. Sie hatten sich getraut, dem Regime die Stirn zu bieten, indem sie einer Schule ermöglichten, ihren Unterricht weiter zu gestalten. Das galt in den Augen des Milosevic-Regimes als Terrorismus und Nationalismus. Das Familienoberhaupt, Mehmet Aliu, hat später beim Kriegsverbrechertribunal in Den Haag als Zeuge gegen Slobodan Milosevic ausgesagt.

Das Programm unserer Reise war sehr vielfältig. Mir war wichtig, dass Begegnungen geschaffen wurden, dass wir nicht nur touristische Ziele besichtigten, sondern mit den Menschen vor Ort ins Gespräch kamen. Viele Schulbesuche standen auf dem Programm. Der erste fand in meiner Grundschule «Gergj Fishta» statt. Wir wurden sehr herzlich empfangen, sogar meine ehemalige Klassenlehrerin Gjylizare Grazhdani war ebenfalls da, um uns zu begrüßen. Die Schülerinnen und Schüler aus den unteren Klassen hatten extra für uns ein Programm mit Liedern und Tänzen vorbereitet. Es war für mich höchst emotional, aber auch für mein Kollegium. Am Ende des Programms haben wir alle miteinander getanzt. Daran erinnern sich bis heute alle sehr gern.

Wir besuchten die schöne, alte Stadt Prizren im Süden Kosovos und trafen dort die deutsche Bundeswehr, die als Teil der berühmten KFOR-Truppen. Es war schon sehr interessant zu erleben, wie die deutschen Soldaten auf die Entwicklung im Kosovo schauten.

Auch 20 Jahre nach dem Eintreffen der NATO-Truppen sind sie noch immer willkommen und beliebt. Ohne sie wären weder der Frieden im Kosovo noch die Sicherung dieses Friedens möglich gewesen. Zudem haben sie viele Projekte in der Infrastruktur und im Bildungsbereich initiiert und unterstützen noch heute die Weiterentwicklung des Kosovo allgemein.
Wir trafen auch Angehörige der ethnischen Minderheiten. Ein Mitarbeiter der Stadtverwaltung sprach Türkisch als Muttersprache, war aber natürlich mit mehreren Sprachen aufgewachsen.
Mit einem Mann aus der Roma-Gemeinschaft sprachen wir über das Leben der Minderheiten im Kosovo. Er erzählte von den Fortschritten, die gemacht wurden, aber auch von der Armut, die noch überall herrscht.
In Peja besuchten wir das berühmte Kloster und das atemberaubende Rugova-Tal. In Prishtina, Mitrovica, in der Weinstadt Rahovec, in Vushtrri und vielen anderen Orten trafen wir Lehrer, Journalisten, Politiker und viele andere Menschen, die den deutschen Lehrern gern ihre Schule und ihr Land zeigen wollten. Und das oft in einem perfekten Englisch, zum Teil sogar auf Deutsch.
Ein besonderer Tag war unser Besuch in Tirana, der Hauptstadt von Albanien. Wir fuhren vier Stunden lang von Prishtina über die Bergautobahn und wurden in Tirana vom dortigen Weiterbildungskolleg «Kostandin Kristoforidhi» sehr herzlich empfangen. Das Kollegium war sehr aufgeregt, noch nie hatten sie eine Delegation von Lehrern aus dem Ausland empfangen.
Sie erzählten von der aktuellen Lage in Albanien, von den großen Erfolgen und den Herausforderungen in ihrer Schule, die seit dem Ende des 2. Weltkrieges existiert.

Und von den Schwierigkeiten, die sie hatten. Mit der Armut im Land beispielsweise, und dass viele Schüler ihre Zukunft im Ausland sehen. Das machte sie traurig, mich auch.

Die Schule und die Stadtverwaltung Tirana luden uns anschließend zum Besuch des großen Historischen Museums und zu einem traditionellen Lamm-Essen ein. Die Restaurantbetreiber waren aus der nordalbanischen Stadt Kukës, die für ihre Gastfreundschaft berühmt ist.

Die acht Tage unserer Reise vergingen wie im Flug, das Programm war voll, vielfältig, aber auch anstrengend. Was wir in diesen Tagen erleben durften, schafft man nicht während eines normalen Urlaubs. Den letzten Abend ließen wir mit einer ausgelassenen Feier zu albanischer Musik ausklingen. Die berühmte Sängerin aus der Stadt Gjakova, Nezafete Shala, sorgte für gute Stimmung und sang viele schöne, alte Lieder aus allen albanischsprachigen Gebieten. Getanzt wurde natürlich auch. Das geht auf dem Balkan nicht ohne.

Auch nach fünf Jahren erinnern sich meine Kolleginnen und Kollegen gern daran und wollen eventuell wieder eine Reise dorthin unternehmen. Vielleicht organisiere ich auch bald wieder eine: Lust darauf hätte ich schon.

Für mich hat diese Reise eine noch größere Nähe zum meinem Kollegium geschaffen. Ich war froh und stolz, meinen Kolleginnen und Kollegen das landschaftlich, menschlich, kulturell und historisch schöne und vielfältige Kosovo zu zeigen.

Zum Schulleiter Falko Grunau hatte ich von Anfang an eine besondere Nähe, sowohl auf professioneller als auch auf menschlicher Ebene. Die Reise in meine Heimat machte unsere gute Zusammenarbeit noch stärker, noch intensiver, noch emotionaler. Er sammelte nach der Reise pädagogische Materialien zum Zweiten Bildungsweg, die wir dann dem Weiterbildungskolleg in Tirana schickten.

Und er suchte Broschüren und Fachzeitschriften zum Thema Qualitätssicherung und Lehrplanentwicklung beim Schulministerium in NRW heraus, die wir dem Schulministerium des Kosovo zukommen ließen. Zugleich schrieb er Briefe an alle Gastgeber und an die Menschen, die wir getroffen hatten, um sich im Namen des Kollegiums für die Gastfreundschaft und den herzlichen Empfang zu bedanken. Außerdem berichtete er in mehreren Fachzeitschriften über diese besondere Studienfahrt.

Ich hatte das Glück, neun Jahre lang mit einem besonderen Menschen zusammenarbeiten zu dürfen. Mit einem überaus freundlichen, hochprofessionellen, hochgebildeten, sehr engagierten, verbindlichen, ernsthaften, humorvollen, hilfsbereiten und sensiblen Mann, der mir von Anfang an auf Augenhöhe begegnet ist, meine Arbeit unterstützt, geschätzt, gefördert und dadurch mein Einleben in einer neuen Arbeitsstelle sehr erleichtert hat. Der mir und dem gesamten Kollegium immer mit hohem Respekt begegnet ist. Der unsere Schülerinnen und Schüler sehr gemocht und unterstützt hat. Der sich für sie sehr eingesetzt – und stets – auch in schwierigen Fällen – für sie Partei ergriffen hat. Der keinen Konflikten aus dem Weg gegangen ist, wenn das Wohl unserer Schülerschaft und unserer Schule auf dem Spiel stand.

Eine derart gute und enge Zusammenarbeit wie mit Schulleiter Falko Grunau ist schwer zu finden. Ich bin glücklich, dass ich das erleben durfte.

Deine Sprache – meine Sprache – Herzenssprache Albanisch

Warum wir Kosovo-Albaner ein ganz besonderes Verhältnis zu unserer Muttersprache Albanisch haben und warum ich sie auch 30 Jahre nach meiner Auswanderung sehr gut beherrsche, werde ich oft gefragt.

Als ethnische Minderheit im ehemaligen Jugoslawien genossen die Albaner und ihre Sprache kein besonders hohes Ansehen. Serbokroatisch war die Amtssprache, das sollte und musste jeder können. Albanisch war zwar nicht verboten, wurde aber auch nicht sehr gefördert. Vor dem zweiten Weltkrieg gab es noch keine albanischen Schulen im Kosovo und in weiteren Teilen Jugoslawiens. Das heißt, die wenigen Menschen albanischer Herkunft, die Zugang zu Bildung hatten, wurden in serbischer Sprache unterrichtet. Erst nach dem zweiten Weltkrieg wurden die ersten albanischen Schulen im Kosovo eröffnet. Die ersten Lehrer kamen allesamt aus Albanien, mit Ausnahme einiger, die in Belgrad studiert hatten.

Serbokroatisch mussten alle beherrschen. Aber nicht jeder hatte die Mittel, die Schulbildung, das Talent und die nötigen Sprechgelegenheiten, um es richtig gut zu lernen. Noch gab es viele Analphabeten. Spätestens bei der Rekrutierung in die jugoslawische Armee wurden Kenntnisse des Serbokroatischen aber auch bei den Albanischsprachigen vorausgesetzt. Es wurde immer wieder berichtet, dass viele aufgrund der sprachlichen Unsicherheit gehänselt und diskriminiert wurden.

In den Schulen war es ähnlich. Bis in die sechziger und siebziger Jahre hinein wurden im Kosovo manche Schulfächer in serbischer Sprache unterrichtet. Meine Eltern beispielsweise hatten Sport, Hauswirtschaft und Biologie auf Serbisch.

Beide hatten das Glück, diese Sprache gut zu beherrschen. Aber was machten Schülerinnen und Schüler, die im Serbischen nicht so gut waren?
Mit der Gründung der Universität Prishtina anfangs der siebziger Jahre und durch die damit verbundene Bildungsoffensive wurden neue Schulen eröffnet und viele Lehrkräfte ausgebildet. Damit bekam auch die albanische Sprache etwas mehr Anerkennung. Etwa zur selben Zeit bekamen Albaner auch mehr Rechte im kulturellen und politischen Bereich. Serbien hatte natürlich noch immer die Oberhand, aber es gab in dieser Phase insgesamt mehr Freiheiten.
Viele albanische Schüler und Studenten aus Mazedonien, Montenegro und Südserbien machten ihr Abitur in Prishtina oder studierten dort. Denn nur dort gab es die Möglichkeit, in der Muttersprache ausgebildet zu werden. Albanien befand sich in dieser Zeit in einer selbstgewählten Isolation und war daher unerreichbar.
In meiner Kindheit habe ich erlebt, dass es im Kosovo immer ein sprachliches Ungleichgewicht gab. Die serbische Minderheit gab sich keine Mühe, Albanisch zu lernen oder zu sprechen. Ich habe sehr selten Serbinnen und Serben erlebt, die Albanisch sprachen. Auch diejenigen, die es an sich konnten, wollten es nicht sprechen. Von uns Albanern aber wurde erwartet, dass wir Serbisch zu sprechen hätten. Meine Eltern erzählten, dass Schulkonferenzen oft auf Serbisch stattfanden, obwohl die Mehrheit der Lehrkräfte albanischsprachig war. Es wurde also immer großer Wert auf die «offizielle Amtssprache» gelegt. Dadurch stieg natürlich das Gefühl, dass Albanisch nicht so wichtig sei. Sprache wurde als Machtinstrument eingesetzt und missbraucht.

Diese Geringschätzung unserer Sprache durch die Serben hatte bei uns Albanern allerdings zur Folge, dass wir ein hochemotionales Verhältnis zu ihr entwickelten und es als Notwendigkeit betrachteten, die albanische Sprache zu schützen und zu pflegen. Das war und ist bis heute unser wichtigstes Identitätsmerkmal. Das hieß aber keineswegs, dass wir keine anderen Sprachen lernen wollten oder diese ablehnten. Ganz im Gegenteil. Ich beispielsweise bin im ältesten Viertel von Prishtina aufgewachsen, in dem traditionell viele Angehörige der türkischen Minderheit und viele Serben leben. Als Kind habe ich dadurch neben Albanisch informell auch noch Türkisch und Serbisch gelernt. In unsere Grundschule gingen auch Roma-Kinder. Auch einige Brocken Romanes habe ich als Kind mitbekommen. Dazu kam bei mir früh das große Interesse an der englischen Sprache. Die ersten Worte hatte ich in den amerikanischen Filmen aufgeschnappt, die damals im Fernsehen oder im Kino in der Originalfassung mit Untertiteln liefen. Oder aus englischsprachiger Musik von Pink Floyd, Abba und so weiter. Später, in den Achtzigern, hörte ich gern Michael Jackson, George Michael und Madonna und versuchte, die Texte zu verstehen.

Eine maßgebliche Rolle bei meinem Englischerwerb spielte natürlich mein Englischunterricht. Meine Lehrerin, die leider viel zu früh verstorben ist, war Luljeta Koshi-Fehmiu. Als eine der ersten Frauen im Kosovo hatte sie an der legendären Oxford University in Großbritannien studiert. Sie stammte aus einer sehr bekannten Familie. Ihr Bruder war Bekim Fehmiu, in den sechziger und siebziger Jahren ein großer internationaler Filmstar. Ihm war gelungen, als Albaner eine richtige Filmkarriere im damaligen Jugoslawien, in Europa und sogar in Hollywood zu machen.

Für seine Rolle eines Roma im Film «I even met happy gypsies» wurde er 1967 mit der Goldenen Palme beim Filmfestival in Cannes ausgezeichnet und war auch für den Oscar nominiert.

Frau Koshi-Fehmiu war eine Koryphäe in ihrem Fach und eine hervorragende Pädagogin dazu. Sie hat uns allen Englisch umso schmackhafter gemacht, als sie uns von ihren Erfahrungen als Studentin in Großbritannien erzählte, von den Besonderheiten der britischen Kultur, von der großartigen Musik etc. Wir hatten damals nicht die Mittel und die Möglichkeit, weit zu reisen. Deswegen waren ihre Erzählungen etwas ganz Besonderes, Lebendiges und sehr Lehrreiches.
Auch wenn wir keinen direkten Kontakt zu englischen Muttersprachlern hatten, fühlten wir uns der englischen Sprache sehr verbunden. Ein Cousin meines Vaters lebte damals in Chicago und besuchte uns immer, wenn er auf Heimaturlaub im Kosovo war. Einmal kamen auch seine beiden kleinen Kinder mit. Sie sprachen natürlich mit amerikanischem Akzent und wir verstanden fast gar nichts.
Der Umgang mit Mehrsprachigkeit wurde mir und vielen anderen gleichsam in die Wiege gelegt. Deswegen reagiere ich sehr ungehalten, wenn jemand mir Nationalismus vorwerfen will, weil ich zu meiner Muttersprache Albanisch stehe und sie pflege.

Für unsere Familie spielte die Muttersprache auch bei der Auswanderung eine zentrale Rolle. Sie war eigentlich der Grund dafür. Mein Vater bekam den Auftrag, albanischen Kindern, die in Deutschland geboren oder aufgewachsen sind, ihre Sprache richtig beizubringen. Meine Mutter stieg nach zwei Jahren ebenfalls als Albanischlehrerin ein.

Diese Mission, so nenne ich sie, schwappte auf die gesamte Familie über. Sie wurde intensiver, da Anfang der neunziger Jahre die albanischen Schulen, Universitäten, Theater, Kinos, Konzertsäle etc. im Kosovo geschlossen wurden. Das gesamte öffentliche und kulturelle Leben der Albaner wurde damals von der serbischen Regierung gezielt lahm gelegt. Dadurch bekamen der Schutz und Erhalt der Muttersprache Albanisch sowohl im Mutterland als auch in der Diaspora eine neue, wichtigere und akute Bedeutung.

Mit der Auswanderung bekommt die Muttersprache eine andere und wichtigere Bedeutung. Sie muss im neuen Land viele Funktionen erfüllen. Sie ist eine Stütze und die Grundlage, auf der man erst eine neue Sprache lernen kann. Wie soll man sich in der deutschen Sprache differenziert ausdrücken, wenn das muttersprachliche Fundament bröckelig und rudimentär ist?

Ich hatte das Glück, dass ich für mein Alter ziemlich sprachbegabt war, sehr früh lesen und schreiben gelernt hatte, viel las und dementsprechend auch gut schreiben konnte. All dies war eine optimale Voraussetzung, mich schnell mit der deutschen Sprache vertraut zu machen.

Dazu kam bald meine Tätigkeit als Dolmetscher und Übersetzer, die aus der Notwendigkeit heraus entstand, Landsleuten zu helfen, die sprachlich noch nicht so weit waren wie ich. Mit achtzehn Jahren habe ich angefangen, für verschiedene Behörden zu übersetzen. Mittlerweile blicke ich auf eine siebenundzwanzigjährige Erfahrung als Dolmetscher und Übersetzer zurück. Seit über sechs Jahren bin ich zudem allgemein vereidigter Dolmetscher und Übersetzer für die albanische Sprache und mache dies nebenberuflich.

Die Erfahrung mit Mehrsprachigkeit in der Heimat half mir, mich diesem Thema in Deutschland professionell zu widmen.

Ich versuche sowohl beruflich als auch privat Menschen zu überzeugen, dass es gut und ein Gewinn ist, mehrere Sprachen zu sprechen. Nicht nur Englisch und Französisch. Allerdings gibt es leider diese Sprachenhierarchie: Wenn jemand zweisprachig mit Deutsch und Englisch aufwächst, wird er von allen bewundert. Kurdisch, Albanisch und andere Sprachen hingegen haben einen schweren Stand und ein tieferes Prestige. Sie werden sogar oft als Hindernis für das Erlernen der deutschen Sprache gesehen. Es hat zwar in den letzten Jahren ein Umdenken stattgefunden, aber immer noch halten sich viele Vorurteile im Umgang mit Zwei- und Mehrsprachigkeit hartnäckig. Migranteneltern wird oft fälschlicherweise geraten, mit ihren Kindern zuhause Deutsch zu sprechen. Wenn sie es gut könnten, hätte ich auch nichts dagegen. Das muss jeder für sich entscheiden. Aber was machen die Mütter und Väter, die als Flüchtlinge kamen und selbst kein Deutsch sprechen? Oder nur radebrechend? Können sie dann ihre Funktion als Sprachvorbilder für ihre Kinder erfüllen? Sie stehen oft unter enormen Druck. Auch Kinder bekommen dann das Gefühl vermittelt, dass ihre Muttersprache, die sie zuhause lernen, weniger wert ist.

Meine Eltern wurden während ihrer aktiven Lehrtätigkeit oft mit diesen Vorurteilen konfrontiert. Sie konnten es nicht oft genug wiederholen, dass die Pflege der Muttersprache und gute Kenntnisse in derselben den deutschen Spracherwerb keineswegs behindern oder stören. Ganz im Gegenteil. Die Schülerinnen und Schüler, die regelmäßig am muttersprachlichen Unterricht teilnahmen, lernten besser Deutsch und waren auch im deutschen Schulsystem erfolgreicher als die anderen. Das berichten nicht nur Lehrkräfte –, es gibt sogar wissenschaftliche Untersuchungen des Schweizer Germanisten, Albanologen und Sprachdidaktikers Basil Schader dazu.

Vor Kurzem ist ein Gedichtband des Autors Çerkin Bytyçi aus Rottweil in meiner deutschen Übersetzung erschienen. Seit Jahren übersetze ich Gedichte und Erzählungen von albanischsprachigen Autorinnen und Autoren ins Deutsche. Dadurch versuche ich, albanische Literatur einem breiteren Publikum zugänglicher zu machen.

Gleichzeitig bin ich dadurch in ständigem Kontakt mit der Sprache, entwickle mich natürlich auch in ihr weiter und nehme viele neue Herausforderungen an. Parallel dazu schreibe ich seit fast 20 Jahren für mehrere albanische Zeitungen und Zeitschriften. Eine Sammlung dieser Artikel, Kolumnen und Essays habe ich 2019 in Prishtina unter dem Titel «Rrugëtim publicistik» (Publizistische Reise) als Buch herausgebracht. Das Buch durfte ich in der Universitätsbibliothek von Prishtina und auf der Frankfurter Buchmesse vorstellen. Es gab mehrere Besprechungen des Buches, eine ausführliche hatte der Autor Hamza Halabaku in der größten kosovarischen Tageszeitung «Koha ditore» veröffentlicht. Der Fernsehsender KTV hat zudem über die Buchpräsentation berichtet.

Haben Sie schon mal etwas von Ismail Kadare gehört?

Der im südalbanischen Gjirokastra geborene und jetzt in Paris lebende albanische Schriftsteller ist eine der wichtigsten, wenn nicht die wichtigste Persönlichkeit der gegenwärtigen albanischen Literatur und Kultur. Seine Werke wurden in viele Sprachen übersetzt und zählen zum Nationaleigentum der Albaner. Ihn zu lesen bedeutet für uns eine richtige Freude, ein ganz besonderes Fest. Seine Romane und sein einzigartiger Schreibstil berühren jedermann. Für uns Albaner sind sie zu einem Teil unserer Identität geworden.
Ich hatte das große Glück, Kadare zweimal persönlich zu treffen. Das erste Mal auf einer Veranstaltung an der Universität Duisburg-Essen, wo er eins seiner vielen Büchern vorstellte. Er signierte mir sein Buch und wir unterhielten uns eine Weile. Nach einigen Jahren fuhr ich mit einigen Freunden extra nach Stuttgart, wo er auf einer größeren Veranstaltung zu Gast war. Es waren bestimmt 300 Gäste aus ganz Europa da. Normalerweise sind wir Albaner sehr laut und haben wenig Geduld, lange zuzuhören, aber hier war es mucksmäuschenstill. Alle wollten Ismail Kadare sehen und hören, alle konnten nicht genug von ihm haben!
Er beantwortete geduldig die Fragen der Zuschauer und äußerte sich teilweise kritisch über die politischen und gesellschaftlichen Entwicklungen in Albanien und im Kosovo. Nicht allen gefällt seine kritische Haltung. Es wird teilweise versucht, ihn zu verunglimpfen. Für mich ist er der größte albanische Autor und Intellektuelle, den wir je hatten. Wir sollten stolz auf ihn sein. Auch wenn er uns kritisiert. Das müssen wir aushalten und froh sein, daraus lernen zu können.

Für alle, die ihn nicht kennen, hier eins seiner bekanntesten Gedichte im Original und in der deutschen Übersetzung des großartigen Joachim Röhm.

MALL

Ca pika shiu ranë mbi qelq.
Për ty unë befas ndjeva mall.
Jetojmë të dy në një qytet,
Dhe rrallë shihemi, sa rrallë.
Edhe m'u duk pak e çuditshme
Si erdh kjo vjeshtë, ky mëngjes.
Qiejt e ngrysur pa lejlekë
Dhe shirat pa ylberë në mes.
Dhe thënia e vjetër e Heraklitit
Seç m'u kujtua sot për dreq:
«Të zgjuarit janë bashkë në botë,
Kurse të fjeturit janë veç.»
Në ç'ëndërr kemi rënë kaq keq,
Që dot s'po zgjohemi ne vallë ?...
Ca pika shiu ranë mbi qelq
Dhe unë për ty seç ndjeva mall.

1976

Aus: Vepra. Vëllimi i njëmbëdhjetë. Tome 11. Paris: Editions Fayard , 2002

SEHNSUCHT

Aus dem Albanischen übersetzt von Joachim Röhm

Regentropfen pochten auf das Glas
Als jähe Sehnsucht mich nach dir ergriff.
Wir beide leben in der gleichen Stadt,
Doch unsre Wege kreuzen sich nicht oft.
Und wie der Herbst und dieser Morgen kam
Erschien in hohem Maß mir sonderbar.
Ein trüb verhangener Himmel ohne Störche,
Kein Regenbogen zwischen starken Schauern.
Warum wohl kommt das alte Wort des Heraklit
Mir ausgerechnet heute in den Sinn:
«Den Wachenden ist eine Welt gemeinsam,
Doch jeder Schlafende hat eine Welt für sich.»
In welchen Traum sind wir so tief versunken,
Dass wir daraus nicht mehr erwachen können?
Die Regentropfen pochten auf das Glas
Als jähe Sehnsucht mich nach dir ergriff.

1976

Heute ist der 3. Oktober 2020

Vor 30 Jahren, am 3. Oktober 1990, waren wir erst zwei Monate hier, als sich der Westen und der Osten Deutschlands wiedervereinigten. Wir bekamen dieses historische Ereignis und die Feierlichkeiten natürlich mit, konnten aber leider noch sehr wenig davon verstehen. Wir wussten von der Berliner Mauer, von der Trennung, hatten davon auch im Geschichtsunterricht in der Schule gehört. Aber uns fehlten Hintergrundinformationen und die Gespräche mit Menschen. Später haben mir einige Mitschülerinnen aus der ehemaligen DDR viel von ihrem früheren Leben und der Flucht in die Bundesrepublik erzählt. Von der Angst, die sie hatten, ihre Meinung zu äußern und dafür bestraft zu werden. Von der Armut und der Knappheit, die dort teilweise herrschten. Von der jahrzehntelangen Trennung von Angehörigen. Von den Schwierigkeiten, im Westen anzukommen und akzeptiert zu werden. Viele Vorurteile zirkulierten damals, einige halten sich hartnäckig bis heute.

Vieles von dem konnte ich gut nachvollziehen. Ich las damals sehr viel darüber, besuchte auch mehrmals die neuen Bundesländer und traf freundliche, offene und zugewandte Menschen. Die Stadt Dresden an der Elbe fand ich grandios: so viel Kultur, ich war begeistert! Genauso wie die Goethe- und Schiller-Stadt Weimar in Thüringen. Auch die Rockmusik der ehemaligen DDR gefällt mir sehr gut, sie erinnert mich an einige Bands aus Bosnien und dem Kosovo der 70er und 80er Jahre. Lieder von Karat, den Puhdys oder Silly klingen genauso melancholisch und mit einem besonderen Charme wie die alten Songs, mit denen ich aufgewachsen bin. Die gefühlvolle Ballade «Über sieben Brücken musst du gehen» von Karat finde ich bis heute klasse, ich bekomme immer eine Gänsehaut, wenn ich sie höre.

Auch die sportlichen Erfolge der DDR konnten sich damals sehen lassen. In Leichtathletik beispielsweise. Oder die Eiskönigin Katharina Witt. Wir klebten in den achtziger Jahren am Fernsehgerät, wenn sie einmal mehr eine Goldmedaille gewann. Sie lief 1988 in Calgary zu Michael Jacksons «Bad» und verzauberte alle.

Ich freute mich damals über die Wiedervereinigung Deutschlands. Ich konnte sehr gut verstehen, wie es ist, wenn sich Familien, Freunde, Liebespaare, Städte, Lebensentwürfe, Träume etc. trennen mussten. Die sehr lange Trennung zwischen Albanien und Kosovo hatte ja ebenfalls Spuren in der Biographie aller Albaner hinterlassen. Jeder kannte jemanden, der Angehörige im jeweils anderen Land hatte, die sich seit Jahrzehnten nicht besuchen durften. Es gibt herzzerreißende Geschichten über derartige Schicksale.

Meine Familie und ich waren in einem neuen, wiedervereinigten Deutschland angekommen. In einem offenen, freundlichen, toleranten, vielfältigen, demokratischen und wohlhabenden Deutschland. In einem Deutschland, das für viele eine neue Heimat werden sollte. In einem Deutschland, das für viele neue Chancen bieten sollte. In einem Deutschland, das jedem das Recht auf Bildung, auf Selbstbestimmung, auf Individualismus, auf Selbstentfaltung und auf Wohlstand bietet.

Mir ist schon bewusst, dass es auch Probleme und Schwierigkeiten gab und auch nach 30 Jahren noch gibt. Dass die Wiedervereinigung ein langer und anstrengender Prozess ist. Dass für viele Menschen aus dem Osten alles viel zu schnell ging und sie ihre Arbeit, ihren Beruf und viele liebgewonnene Gewohnheiten verloren. Dass sie sich von heute auf morgen in einem neuen politischen System zurechtfinden mussten. Dass es Menschen gab und immer noch gibt, die sich unverstanden und nicht dazugehörig fühlen.

Trotzdem sehe ich die deutsche Wiedervereinigung als eine Erfolgsgeschichte. Als Kraftakt für alle Beteiligten. Als Verbesserung des Lebensstandards für sehr viele. Und für die ostdeutsche Bevölkerung als Möglichkeit, ein Leben in Würde, in Freiheit und in Demokratie führen zu können.

Vielleicht gehen wir Menschen manchmal zu hart mit uns selbst ins Gericht. Ich glaube, es ist eine deutsche Eigenart, zu selbstkritisch zu sein und sich viel zu lange damit zu beschäftigen, was schiefläuft. Es kann nicht alles perfekt sein. Heute habe ich einen Dokumentarfilm gesehen, in dem die Ostseeküste vor der Wende gezeigt wurde. Marode, heruntergekommene Hotels, Warenknappheit, lange Schlangen vor fast leeren Supermärkten. Ich glaube, solche Bilder wünscht sich niemand zurück. Als ich viele Jahre später zum ersten Mal auf der Insel Usedom in Mecklenburg-Vorpommern war, gab es diese Armut nicht mehr. Die Hotels, Häuser und Straßen waren saniert, alles glänzte. Die Menschen hatten Arbeit und viele Touristen wollten dort Urlaub machen.

Mein höchster Respekt gilt den Menschen aus der ehemaligen DDR, die diese friedliche Revolution erst möglich gemacht haben. Die ihr Leben dafür riskiert haben. Sie können stolz auf das sein, was sie geleistet haben. Respekt verdienen natürlich auch Menschen im Westen, Respekt für ihre Hilfe und ihre Solidarität.

Ich persönlich sehe mich und meinen Werdegang ebenfalls als ein Produkt dieses neuen Deutschlands. Ich kann mich damit sehr gut identifizieren, obwohl ich nicht hier geboren wurde und diese schwierige Zeit der Trennung nicht miterlebt habe. Sicherlich würden mir diesbezüglich viele Migranten zustimmen.

Auch wenn über die Rolle der neuen deutschen Bürger, also der 20 Millionen Menschen in Deutschland, die andere Wurzeln haben, im wiedervereinigten Deutschland leider sehr wenig gesprochen wird.
Zu den Ausnahmen zählen ein Radiobeitrag auf WDR 5, in dem auf die Anerkennung der Leistungen der Migranten und auf deren selbstverständliche Zugehörigkeit zu Deutschland hingewiesen wurde. Und die heutige Festrede des von mir sehr geschätzten Bundespräsidenten Frank-Walter Steinmeier, bei der alle Menschen in Deutschland erwähnt wurden. In den übrigen Dokus, Filmen, Musiksendungen, Interviews, Zeitungsartikeln, Internetportalen etc. zum Tag der deutschen Einheit kamen Migranten überhaupt nicht zu Wort. Der Fokus lag nur auf den Westdeutschen und Ostdeutschen.
Ich finde so etwas sehr schade. Denn heute, am 3. Oktober, wäre eine gute Gelegenheit gewesen, die Vielfalt dieses Landes als Stärke und Erfolg zu feiern. Dass alle Menschen in Deutschland das Recht auf ihr Anderssein haben, dass Menschen sich nicht verändern müssen, nur um der Mehrheit zu gefallen. Warum auch? Dass das Grundgesetz und unsere Demokratie die Grundlage unseres Zusammenlebens sein sollte.
Ich mache manchmal die Erfahrung, wenn ich mich diesbezüglich kritisch äußere, dass meine deutschen Gesprächspartner sofort in einen Verteidigungsmodus umschalten und Sätze sagen wie «ihr seid doch alle damit gemeint» oder «beschwert euch nicht immer» oder «ihr gehört doch selbstverständlich dazu». Viele können es nicht aushalten und sind es offensichtlich nicht gewohnt, wenn sich Migranten auch mal trauen, ihre Meinung zu äußern und mehr Partizipation, Repräsentation und Sichtbarkeit in der Gesellschaft einfordern.

Teilweise herrscht noch immer die gleiche Haltung wie zu früheren Gastarbeiterzeiten, als viele gedacht haben, sie sollen froh und dankbar sein, hier arbeiten zu dürfen, das muss Lob und Anerkennung genug sein. Diese Menschen haben sehr hart geschuftet, haben in den 50er Jahren schon die unbeliebtesten und schwierigsten Jobs angenommen, die die Deutschen selbst nicht machen wollten. Millionen Menschen aus ganz Südeuropa, Südosteuropa, aus der Türkei und aus Nordafrika haben zum Wohlstand und zum wirtschaftlichen Fortschritt dieses Landes beigetragen. Sie waren irgendwie immer die «Gäste». Seit 60 Jahren. Sie waren sehr genügsam und froh, in Deutschland zu arbeiten und ihre Familien in den Heimatländern ernähren zu können. Sich politisch einzumischen? Das war weder gewollt noch wurde es gefördert.

Aber jetzt, im Jahr 2020, wo wir Migranten in der 4. Generation in Deutschland haben, sollten wir uns endlich auch «einmischen» dürfen. Auch Kritik äußern dürfen – selbst wenn sie vielleicht nicht jedem gefällt. Ich merke bei Diskussionen immer wieder die Tendenz, dass hoch gebildete, ja elitäre Kreise den Diskurs bestimmen und dominieren wollen. Dass sie Schieflagen relativieren wollen. Dass sie eine andere Meinung nicht aushalten können, die ihrem Narrativ und ihrem Weltbild nicht entspricht. Dass zu Veranstaltungen und Podiumsdiskussionen, bei denen es um Partizipation von Migranten geht, wenige oder gar keine Migranten eingeladen werden. Dass ihre Meinung und ihre Erfahrungen kaum eine Rolle spielen. Dass oft über Migranten und nicht mit ihnen geredet wird. Dass viele meinen, es genau zu wissen, was für sie gut ist.

Neue deutsche Bürger wollen mitmischen, mitdiskutieren, sich einbringen in die Gesellschaft. Sie wollen nicht ewige Gäste und Migranten bleiben. Sie fordern eine Selbstverständlichkeit ihrer Zugehörigkeit zu diesem Land. Mit all ihren Stärken und Schwächen. Sie wollen keine Exoten mehr sein und auf die Rolle von Experten zu ihren Herkunftsländern reduziert werden. Sie wollen nicht immer wieder aufs Neue ihre Daseinsberechtigung in diesem Land beweisen müssen. Sie wollen einfach Gleichbehandlung und keinen Sonderstatus.
Die Tatsache, dass es diese Forderungen gibt, ist ein Indiz dafür, dass die Menschen Deutschland als ihre Heimat ansehen. Vielleicht muss tatsächlich eine gewisse Unruhe entstehen, die notwendig ist – um Dinge zu verändern. Erst in der Auseinandersetzung bilden sich kreative Ideen und Lösungen. Von ständigen Ja- und Amen-Sagern sind nie Fortschritte und Weiterentwicklungen ausgegangen.

Lost in Translation

Sprache, oder besser gesagt Sprachen haben mich schon mein ganzes Leben begleitet. Ständig wurde ich mit vielen von ihnen konfrontiert. In der Kindheit schon. Der damalige Fernsehsender im Kosovo, RTP, hatte damals kein sehr langes Programm. Für Kinder wurde nur ein kurzer Zeichentrickfilm vor den Hauptnachrichten gezeigt und sonntags die Kindersendung «Mozaiku», wo meine Schwester und ich den berühmten Auftritt 1978 oder 1979 hatten. Das war es. Sonst gab es nicht sehr viel im Programmangebot. Den staatlichen serbischen Kanal aus Belgrad konnten wir aber auch empfangen. Dessen Programmangebot war selbstverständlich länger und vielfältiger. Dadurch hörte und lernte ich als Kind viel Serbisch. Die Zeichentricksendungen wurden in der Originalfassung ausgestrahlt, einige auf Englisch, wie Tom und Jerry, Pink Panther oder Mickey Mouse, andere auf Französisch oder Tschechisch, und sogar einen japanischen Zeichentrickfilm haben wir uns gern angeguckt. Fast hätte ich es vergessen: Heidi kam natürlich auf Deutsch. Ich kann mich nicht mehr erinnern, ob es dazu auch Untertitel gab. Wenn, dann natürlich auf Serbisch. Die Serie war damals sehr beliebt. Heidi hatte so rote Wangen und wir hatten alle großes Mitleid mit ihr und ihrem Schicksal, wir mochten sie alle sehr gern.

Ich hatte als Kind gelernt, zwischen meiner Muttersprache und anderen Sprachen hin- und herzuspringen. Mit der Auswanderung nahm dies natürlich zu. Alle, die zwei- oder mehrsprachig aufgewachsen sind, kennen dieses Gefühl, dass sie die Welt permanent in zwei Sprachen wahrnehmen. Mal in der einen, mal in der anderen. Oder beide Sprachen treten gleichzeitig auf und konkurrieren manchmal sogar miteinander. Jede will natürlich an erster Stelle sein.

Ich persönlich habe diesen Konkurrenzkampf der Sprachen, so nenne ich ihn, nie zugelassen und habe beide gleichbehandelt. Liebevoll natürlich. Jede hat ihre Daseinsberechtigung, auch wenn es manchmal sehr anstrengend ist.

Mit dem Beginn meiner Tätigkeit als Dolmetscher und Übersetzer intensivierte sich für mich die Auseinandersetzung und der Vergleich zwischen meiner Muttersprache Albanisch und der deutschen Sprache. Deutsch wurde zu meinem ständigen Begleiter, ließ mich seitdem nie mehr los. Ich merke manchmal eine gewisse Erleichterung, wenn ich beispielsweise für mehrere Wochen im Kosovo und in Albanien bin und fast nur Albanisch spreche. Ich schaue in dieser Zeit bewusst keine Nachrichten auf Deutsch und lese keine Zeitungen. Das gleiche versuche ich hier manchmal mit der albanischen Sprache, nämlich sie für eine gewisse Zeit ruhen zu lassen. Leider funktioniert das nie: Schnell kommt wieder ein Übersetzungsauftrag angeflogen.
Ich war erst 18 Jahre alt, als es mit dem Übersetzen so richtig los ging. Mein erster Auftrag kam von einem Übersetzungsbüro aus Köln. Gleich am nächsten Tag sollte ich nach Münster, zum Bundesamt für die Anerkennung ausländischer Flüchtlinge, wie das heutige Bundesamt für Migration und Flüchtlinge damals hieß. Dort sollte ich für Anhörungen übersetzen. Alle Flüchtlinge werden bei der Ankunft registriert und einige Zeit später zu ihren Fluchtgründen befragt. Dies also ist die berühmte Anhörung.
Es war in den Osterferien, glaube ich. Das Übersetzen war sozusagen mein Ferienjob. Ich konnte kaum einschlafen und um 5 Uhr musste ich bereits wieder aufstehen.

Der Zug von Gelsenkirchen nach Münster fuhr um 6 Uhr los. Total aufgeregt kam ich in der Behörde an. Der Einzelentscheider, so nennt man die Juristen, die den Asylantrag anerkennen oder ablehnen sollen, war ein sehr ernster und strenger Typ. Das machte meinen ersten Tag in der Behörde nicht gerade leichter. Wenn schon ich in seiner Anwesenheit so eingeschüchtert wurde, wie sollten sich erst die Flüchtlinge wohl fühlen und ihre Asylgründe vernünftig darlegen können? Ich spürte regelrecht die Angst, die sie hatten. Ich hatte ehrlich gesagt ebenfalls Angst, nicht alles richtig übersetzen zu können. Es ging hier um eine sehr ernste Angelegenheit. Ich wusste um die große Verantwortung, die ich hatte.
Wir legten los. Eine Frau aus der Roma-Minderheit war als erste an der Reihe.
Sie sprach Albanisch, aber nicht so gut. Sie konnte nicht lesen und schreiben, hatte noch nie eine Schule besucht. Ich erklärte dem Juristen, dass viele Roma im Kosovo zwar ihre Muttersprache Romanes noch zuhause und in der eigenen Gruppe sprechen, aber zusätzlich Albanisch und Serbisch können. Aber die meisten können aufgrund der fehlenden Bildung nur die Umgangssprache. Ihn schien das nicht sonderlich zu interessieren.
Die arme Frau war total überfordert. Schon bei der juristischen Belehrung am Anfang merkte ich, dass sie mich nicht verstand. Ihr fehlte grundsätzliche Bildung, um überhaupt nachvollziehen zu können, was ein Asylantrag eigentlich bedeutet. Was ein Rechtsstreit bedeutet. Auf die Frage, ob sie einen Anwalt hätte, antwortete sie «Anwalt? Warum? Ich habe doch nichts gemacht!» Diese Reaktion ist mir in den nächsten Jahren oft begegnet. Ich versuchte also, alles anhand von Beispielen zu vereinfachen und herunterzubrechen, damit sie verstand, worum es ging. Deswegen dauerte meine Übersetzung länger.

Der Jurist wurde immer ungeduldiger und herrschte mich an, ich solle schneller arbeiten und seine Anhörung nicht zu sehr aufhalten. Das Wartezimmer sei voll. Ich erklärte ihm, dass sie mich nicht versteht, wenn ich genau das wiedergebe, was er auf Deutsch sagt.
Dass es notwendig ist, Fragen und Sachverhalte ihrem Sprach- und Bildungsniveau anzupassen. Wieder kein Verständnis, obwohl die Frau angegeben hatte, dass sie keine Schulbildung hat und Analphabetin ist. Ich solle exakt das übersetzen, was er sagt. Auch wenn sie es nicht versteht. Das habe ich dann auch getan.
Ihm gefiel auch die Art und Weise nicht, wie die Frau Fragen bezüglich ihrer Flucht beantwortete. Sie holte weit aus und sprach von Dingen, die ihr wichtig waren. Dass ihre Eltern sie verabschiedet hätten und sie sehr lange geweint hätte. Sie wüsste nicht, wann sie sie wiedersehen könne. All das empfand unser Jurist als Zumutung. Sie solle diese unwichtigen Dinge weglassen, befahl er. Den Abschied von den Eltern bei einer Flucht erklärte er somit für unwichtig. Die Anhörung dauerte über zwei Stunden und ich war richtig kaputt danach. Emotional aufgewühlt. Die Geschichte der Frau hatte mich berührt. Dann die ständigen Eingriffe des Entscheiders, der kaum Empathie und Verständnis zeigte. Seine eiskalte Art, an diese Geschichte heranzugehen, machte mich fassungslos. Nicht zu vergessen: ich war 18 Jahre alt und total unerfahren im Umgang mit Juristen. Ich zweifelte etwas an meiner Kompetenz als Dolmetscher und Übersetzer und dachte: «Oh Gott, das ging ja heute gut los.»
Am nächsten Tag traf ich auf einen völlig anderen Typ als Entscheider. Ich spürte dies, als er mich begrüßte und sich vorstellte. Er sprach über die damalige Situation im Kosovo und den Krieg in Bosnien und Kroatien, hatte sehr viel darüber gelesen und war sehr interessiert.

Er bedauerte natürlich die Tatsache, dass es zu diesem Krieg kommen musste. Wir sprachen eine Weile darüber, bis es losging.

Ein albanischer Mann aus dem Kosovo stellte einen Asylantrag. Er hatte sich seit Jahren an den Demonstrationen und Protesten gegen die serbische Polizeigewalt beteiligt, war auch mehrfach verhaftet und misshandelt worden. Er hatte in Prishtina Wirtschaft studiert und sich anschließend mit einem kleinen Geschäft in seinem Dorf über Wasser halten können. Eine Festanstellung in seinem Beruf gab es damals im Kosovo nicht. Sein politisches Engagement in der LDK (Demokratischer Bund Kosovos) gefiel den Machthabern nicht und ihm drohte eine hohe Freiheitsstrafe. Deswegen musste er sein Heimatland und seine Familie schließlich verlassen. Er hatte vor Kurzem geheiratet und hatte eine kleine Tochter, deren Foto er uns während der Anhörung zeigte. Alle Fragen beantwortete er ausführlich und glaubhaft. Er verstand den juristischen Kram natürlich, man musste ihm das nicht extra erklären. Die sehr professionelle, freundliche und sensible Art des Entscheiders führte dazu, dass sich der Mann bei diesem wichtigen Gespräch wohl fühlen und öffnen konnte. Er spürte regelrecht, dass seine Fluchtgründe ernst genommen und geglaubt wurden. Auch mir fiel das Übersetzen viel leichter.

Ich lief sozusagen zu Höchstform auf. Ich habe anschießend noch einige Male für diesen richtig netten Entscheider übersetzen dürfen. Ich freute mich regelrecht, wenn ich bei ihm eingeteilt war. Mit dem Ersten hatte ich nur das eine Mal das «Vergnügen». Ich habe es auch nicht weiter vermisst, um ehrlich zu sein.

Das waren zwei Beispiele aus den Anfängen meiner Zeit als Dolmetscher und Übersetzer. Ich war sehr, sehr jung.

Mit den Jahren gewann ich natürlich mehr an Erfahrung, Routine und Selbstbewusstsein im Umgang mit schwierigen Menschen und Situationen. Ich begann zudem zu verstehen, wie viele Juristen ticken. Mit ihrer bisweilen emotionslosen, nüchternen Sprache kam ich unzählige Mal bei verschiedenen Gerichtsverhandlungen, bei Anhörungen während des Asylverfahrens, Polizeiverhören, sogar bei Abschiebungen, schriftlichen Übersetzungen, Anwälten etc. in Berührung und konnte immer besser damit umgehen. Ich übersetzte aber auch für Ärzte, Wirtschaftsunternehmen, Firmen, Therapeuten, Beratungsstellen, Schulen, Jugendämter, selbst für die US-Armee habe ich bei einer dreiwöchigen Übung übersetzt. Desgleichen bei Veranstaltungen als Konferenzdolmetscher. Fürs Radio und Fernsehen. Für eine Filmproduktion. Für Kirchen. Für Prominente. Für einige berühmte Politiker aus dem Kosovo und Albanien. Für mehrere Botschafter und anderes diplomatisches Personal. Für deutsche Bürgermeister. Für Minister. Oder für solche, die prominent sein wollten. Bei Gruppenreisen im Kosovo, Mazedonien und Albanien. In Krankenhäusern. Bei Eheschließungen auf dem Standesamt. Und sogar bei einer Magenspiegelung war ich schon mal als Dolmetscher dabei.

In den meisten Fällen kam ich sowohl mit den Auftraggebern als auch mit den Menschen, für die ich übersetzen sollte, gut klar. Bis auf zwei Fälle, die aus dem Ruder gelaufen waren.

Ein Mann war wegen Diebstahls angeklagt worden. Ich saß neben ihm im Gerichtssaal und übersetzte vollständig und gewissenhaft, wie ich das immer tat. Er war sehr gereizt, weil er spürte, dass er kaum Chancen auf einen Freispruch hatte und verurteilt werden würde. Da er dem Richter nichts anhaben konnte, ließ er den Frust an mir aus. Ich war ja der Einzige im Raum, der ihn verstand.

Er warf mir vor, ich hätte falsch übersetzt, deswegen sei das Urteil schlecht für ihn ausgefallen. Auch nach der Verhandlung hörte sein Gemecker und Gejammer nicht auf. Ich befürchtete sogar, dass er mich körperlich angreifen könnte, so aggressiv war er. Ich sagte ihm, wenn er meine Leistungen so gut beurteilen könne, solle er sich doch schriftlich über mich beschweren. Darauf verstummte er.

Einmal musste ich als Dolmetscher sogar eine Videokonferenz abbrechen. Es war in einer JVA (Justizvollzugsanstalt) irgendwo in Deutschland und ging um das Aufnahmegespräch mit einem neuen Gefangenen.

Er saß hinter einer Glaswand, sodass wir uns nicht gut hörten und mehrmals Dinge wiederholen mussten. Der Grund für den Abbruch war aber das Verhalten der JVA-Beamtin. Sie sagte nicht einmal Guten Tag, sondern befahl mir sofort loszulegen und dem Gefangenen etwas zu übersetzen. Ständig fiel sie mir ins Wort, war sehr laut, aggressiv und extrem ungeduldig, wenn etwas wiederholt werden musste oder wenn der Gefangene nicht exakt auf ihre Frage antwortete. Manchmal waren Tonaussetzer oder Verzögerungen der Grund, dass ich einen Satz wiederholen musste. Das kommt bei Online-Gesprächen schon mal vor, machte sie aber noch wütender. Ich habe zunächst abgewartet, aber die Situation wurde immer unerträglicher. Sie hat beispielsweise eine Frage gestellt, mich aber nicht fertig übersetzen lassen. Ich sprach sie darauf an, dass ich als professioneller Übersetzer die Zeit brauche und es meine Aufgabe ist, alles zu übersetzen. Der Gefangene habe auch das Recht, alles übersetzt zu bekommen, was sie eigentlich wissen müsste. Ich habe ihr auch ihr Verhalten gespiegelt und gesagt, dass eine Übersetzung unter diesen Bedingungen unmöglich ist.

Daraufhin fragte sie mich in einem absolut unangemessenen, herrischen Ton, wie denn überhaupt mein Name sei. Daraufhin habe ich das Gespräch abgebrochen.
Ich übersetze seit 1993, hatte schon viele schwierige und unangenehme Situationen, aber eine derart unfreundliche, ungeduldige, aggressive und unprofessionelle Beamtin ist mir noch nie begegnet. Ich fühlte mich in meiner Berufsehre verletzt, aber auch als Person nicht respektiert und habe mich dann erfolgreich über diese Beamtin beschwert.
In der letzten Zeit bin ich etwas amtsmüde, was diese Tätigkeit angeht. Ich übersetze zwar immer noch schriftliche Sachen und einige literarische Werke, aber ich merke, dass mir vor allem Alltagsübersetzungen keinen Spaß mehr machen. Im letzten Jahr habe ich deswegen meine Dienste als Übersetzer deutlich reduziert. Und ich muss sagen, ich vermisse sie gar nicht. Vielleicht kommt die Motivation später noch mal. Ich weiß es nicht.
Die Erfahrungen, die ich während dieser langen Zeit gewonnen habe, sind allerdings mit keinem Geld der Welt aufzuwiegen. Ich habe sehr viel gelernt, in ganz verschiedener Hinsicht.

Andere Länder, andere Sitten

Durch die langjährige Tätigkeit als Dolmetscher und Übersetzer wurde nicht nur meine Sprachbewusstheit geschärft, sondern auch das Bewusstsein dafür geweckt, zu welchen Missverständnissen und Problemen kulturelle Unterschiede in der Kommunikation führen können. Ob ich wollte oder nicht, geriet ich oft in die Rolle des Vermittlers. Menschen sind kulturell unterschiedlich geprägt, das ist auch gut so. Migranten oder Flüchtlinge können dementsprechend nicht von Anfang an wissen, was sie im neuen Land nach ihrer Ankunft erwartet. Woher sollen sie auch wissen, dass in Deutschland bei der Kommunikation mit Behörden eher ein nüchterner, sachlicher und auf Effizienz ausgerichteter Ton herrscht? Aber auch im alltäglichen Umgang miteinander. Man sagt in Deutschland sofort, was man möchte, ohne nach dem Wohlergehen und dem der ganzen Familie zu fragen. Ohne Smalltalk. Oder nur ganz selten. Mit dieser direkten Art müssen sich viele Neuankömmlinge in Deutschland erst anfreunden, einfach ist es nicht. Vor allem dann, wenn man in Ländern sozialisiert wurde, in denen eine förmliche Begrüßung, ein Austausch von Nettigkeiten, vielleicht auch ein Kaffee oder Tee zum guten Ton gehören und man zuerst für eine gute Atmosphäre sorgt, statt mit der Tür ins Haus zu fallen.

Ich habe erlebt, dass in Behörden manchmal ein rauer Ton herrscht. Einmal sollte ich beispielsweise für einen Mann bei der Ausländerbehörde übersetzen. Er sprach ein wenig Deutsch und begrüßte die Sachbearbeiterin mit «Wie geht's». Sie schaute ihn nur an und sagte zu mir, das gehe ihn nichts an. Der Mann wollte eigentlich nur freundlich und respektvoll sein, so wie er das aus seiner Heimat kannte. Das versuchte ich der Mitarbeiterin dann auch zu erklären.

«Wir sind hier in Deutschland, hier gelten meine Regeln!», giftete sie nun auch mich an und erstickte jede weitere Kommunikation im Keim. Natürlich war das ein Einzelfall. Es reagieren nicht alle Sachbearbeiterinnen von Ausländerbehörden so unfreundlich. Aber diese Ereignisse brachten mich immer wieder zum Nachdenken, dass es nicht schlecht wäre, wenn man sowohl Mitarbeiter von Behörden als auch Migranten in interkultureller Kommunikation schulen würde. Seit Jahren lernen Migranten in Integrationskursen nicht nur die Sprache, sondern auch Wichtiges über das Leben in Deutschland. Auch Mitarbeiterinnen und Mitarbeiter von Behörden werden in interkultureller Kompetenz fortgebildet. Aber reicht das? Ich glaube nicht. Ich mache immer wieder die Erfahrung, wie viel Nachholbedarf für beide Seiten zu dieser Thematik noch besteht.

Ich habe es auch schon erlebt, dass Vertreterinnen und Vertreter von Migrantenverbänden bei einem offiziellen Empfang Brötchen mit Schweinebraten serviert bekamen – obwohl klar war, dass die meisten von ihnen Muslime waren.

Später kam eine Entschuldigung. Aber ehrlich: Wenn auch nach 60 Jahren Erfahrung mit Muslimen ein solcher Fehler passiert, dann ist dies mehr als ignorant und gleichgültig.

Auch von Migranten sollte erwartet werden, dass sie die Gepflogenheiten der deutschen Kultur lernen und respektieren.

Nicht nur im beruflichen Umfeld, auch privat stieß ich immer wieder auf Ereignisse und Situationen, in denen ich als Vermittler fungieren musste. Auch bei Konflikten.

Hier kommt der Mediator! Wer?

Die Tatsache, dass ich mein erstes Studium nicht zu Ende gebracht und meinen Magistertitel nicht erreicht hatte, hat mich über lange Jahre beschäftigt. Ich hatte immer noch ein schlechtes Gewissen deswegen, obwohl ich in der Zwischenzeit ein sehr gutes Diplom in Sozialpädagogik und Sozialarbeit in der Tasche hatte. Ich hatte mir damals zum Ziel gesetzt, einen Abschluss auf diesem Niveau auf jeden Fall irgendwann nachzuholen. Nachdem ich meine jetzige Stelle als Schulsozialarbeiter gefunden hatte und mich sehr wohl fühlte, suchte ich nach Möglichkeiten, meinen Master berufsbegleitend nachzuholen. Magister gab es nicht mehr.

In Köln wurde damals der Masterstudiengang Interkulturelle Kommunikation angeboten. Das hätte mich sehr interessiert, aber es war ein normales Studium, also mit Präsenzpflicht. In Karlsruhe, Mannheim und Hamburg gab es ähnliche Studiengänge. Sie alle kamen für mich aufgrund meiner Vollzeitstelle und der Präsenzpflicht nicht in Frage. Da stieß ich auf den weiterbildenden Masterstudiengang Mediation an der Fernuniversität in Hagen. Ein Freund von mir hatte mir schon vor Jahren erzählt, dass er eine Fortbildung zum Mediator gemacht hat. Nicht als Masterstudium, wie ich es vorhatte, sondern als Zertifikatslehrgang an meiner ehemaligen Uni in Bochum. Ich konnte mich an die Inhalte nur sehr schwach erinnern, wusste aber, dass Mediatoren Vermittler sind, die dafür sorgen sollen, dass zwei Streitparteien wieder miteinander reden und eine gemeinsame Lösung ihres Konfliktes erarbeiten sollen.

Ich begann, mich näher mit der Materie zu befassen und beschloss, mich auf einen Studienplatz zu bewerben.

Die Aufnahmevoraussetzungen waren ein abgeschlossenes Studium und viel Berufserfahrung, vorzugsweise im juristischen oder sozialen Bereich. Kein Wunder, dass die meisten meiner Kommilitoninnen und Kommilitonen Juristen oder Sozialpädagogen waren. Ich bekam den Studienplatz und wusste zunächst aber gar nicht, worauf ich mich da einlasse. Deswegen hielt ich mich zurück und posaunte es nicht sofort heraus. Nur wenigen vertrauten Menschen erzählte ich von meinem Vorhaben. Sie fragten mich: «Was machst du? Meditation? Nein. Mediation. Ach so.»

Die theoretischen Inhalte der verschiedenen Module mussten im Fernstudium bewältigt werden, desgleichen die Hausarbeiten, die hierzu zu schreiben waren. Wir bekamen zu jedem Modul mehrere Studienbriefe, die wir bis zu einem festgesetzten Termin bearbeitet haben mussten. Die Präsenzseminare fanden an drei Terminen pro Semester statt, immer am Wochenende, denn alle waren berufstätig.

Das erste Seminar fand in Lippstadt statt, in einem Tagungshotel. Ich kannte natürlich niemanden, denn bisher lief ja alles online. Die Dozenten waren sehr zugänglich, sehr kompetent und hilfsbereit. Die Kommilitoninnen und Kommilitonen kamen aus dem ganzen Bundesgebiet, sogar aus der Schweiz und Österreich. Es war eine sehr gemischte Gruppe, verschiedene Altersstufen, verschiedene Berufe, die Juristen waren aber in der Mehrzahl. Wir lernten anhand vieler Beispiele, was eigentlich ein Mediationsverfahren ist, was uns in der Praxis erwartet, in welchen Handlungsfeldern wir später tätig sein könnten, was wir verdienen würden usw. Wir übten Mediationsverfahren von Beginn an mit Hilfe von Rollenspielen. Die Dozenten gaben einen Fall vor, den wir dann bearbeiten mussten.

Das war immer sehr lehrreich, teilweise lustig, teilweise anstrengend. Mal spielten wir den Mediator, manchmal die Streitparteien. Einmal spielte ich einen 80-Jährigen, der seinen Kindern nichts vererben wollte. Einmal einen spießigen Nachbarn, der sich über jeden und alles aufregte. Wir sollten dann entscheiden, ob sich diese Fälle für eine Mediation eigneten, oder ob wir sie den Gerichten überlassen mussten, weil die Fronten allzu verhärtet waren. Eigentlich sollen Mediationen ja juristische Auseinandersetzungen nicht ersetzen, aber in Fällen, wo ein Rechtsstreit unnötig ist und teuer wäre, ist eine Mediation denkbar, bei der die Streitparteien sich außergerichtlich einigen können. Für strafrechtlich relevante Fälle sind Mediationen natürlich nicht zugelassen. Eher im zwischenmenschlichen Bereich, im Zivilrecht zum Beispiel. Im familiären Umfeld. In Erbangelegenheiten. Beim Clinch mit dem Chef. In der Wirtschaft. In der Schule. In der Verwaltung. In der Politik, wie es die folgenden Beispiele zeigen:

Der Dreißigjährige Krieg wurde 1648 dank der Mediation des venezianischen Diplomaten Alvise Contarini in Münster mit dem Westfälischen Frieden beendet. Beim Streit um das teure Bahnprojekt Stuttgart 21 bot sich der bekannte deutsche Politiker Heiner Geißler als Mediator an. Im Kosovo-Konflikt gab es mehrere gescheiterte und gelungene Mediationsversuche. Die Unabhängigkeit Kosovos wurde 2008 schließlich vom finnischen Diplomaten und Friedensnobelpreisträger Martti Ahtisaari als Mediator verhandelt.

In den drei Semestern, die dieses Studium dauerte, fand ein eigentlicher Wettlauf gegen die Zeit statt. Denn parallel zu meinen sonstigen Verpflichtungen trudelten immer wieder Studienbriefe ins Haus, die bearbeitet werden mussten.

Ich weiß nicht, an wie vielen Sonntagen, Feiertagen und Urlaubstagen ich am Schreibtisch saß und Hausarbeiten in Psychologie, Rhetorik, Kommunikation, Geschichte der Mediation, Recht usw. schrieb. Manchmal habe ich meinen Entscheid verflucht.

Aber ich hielt durch. In den Hausarbeiten mussten wir auch konkrete Fälle bearbeiten. Wir sollten einschätzen lernen, wie sich bestimmte Verfahren entwickeln und welche Störfaktoren eine Rolle spielen könnten, und wir mussten immer wieder unsere Rolle reflektieren und uns an die Grundprinzipien der Mediation halten.

Zum Schluss mussten wir zwei echte Mediationsfälle bearbeiten, dokumentieren und abgeben. Einer davon sollte dann als Grundlage bei der Masterprüfung dienen.

Ich entschied mich für zwei Fälle aus der Schule. Hier ist mein Handlungsfeld, es «menschelt» sehr und Konflikte bleiben auch nicht aus. Im ersten Fall versuchte ich ein Beziehungsdrama zwischen einer Schülerin und einem Schüler zu retten – was leider misslang. Der zweite Fall war ein Konflikt in einer Klasse. Mit einem Lehrerkollegen ist es uns gelungen, die Streithähne zu beruhigen und an einen gemeinsamen Tisch zu bringen. Auf diese Weise haben wir zugleich dafür gesorgt, dass die gute Stimmung in der Klasse wieder zurückkehren konnte.

In der Masterarbeit untersuchte ich schließlich die Möglichkeiten und Grenzen der Mediation in der Schulsozialarbeit. Dabei ging ich näher auf interkulturelle Konflikte in der Schule ein.

Das Studium war zwar sehr anstrengend, aber auch sehr gewinnbringend und bereichernd für meine persönliche, aber auch berufliche Weiterentwicklung. Ich konnte mir beweisen, dass ich durchhalten und ein Ziel bis zum Schluss verfolgen kann. Und dass ich meinen «Master – formerly known as Magister» doch noch geschafft hatte.

Musikalische Highlights

Ich werde oft gefragt, warum ich nicht nur Musik mache, sondern auch einem ganz normalen Job nachgehe. Diese Frage habe ich mir auch selbst gestellt, in der Vergangenheit noch öfter als jetzt. Beantworten kann ich sie bis heute nicht eindeutig. Es war mir natürlich von meiner Kindheit an klar, dass mich Musik mein ganzes Leben begleiten wird. Das tut sie auch tatsächlich bis heute. Ohne geht es nicht. Ich merke schon jetzt während der Corona-Pandemie, dass mir die regelmäßigen, kleinen Auftritte zwischendurch fehlen. In den letzten Jahren fokussierte ich mich eher auf kleinere Bühnen, machte die Musik, die ich machen will und nicht die, die von mir erwartet wird. Und vielleicht ist dies auch der Grund, dass ich nicht mehr von der Musik leben will. Weil man dann Kompromisse machen muss. Mit seinem Musikgeschmack. Mit seinem Selbstverständnis als Musiker. Man wird gebucht, um eine bestimmte Musikrichtung zu spielen. Man ist Dienstleister. Als Unterhaltungsmusiker bekommt man Geld, weil man ein bestimmtes Lied für die Leute singt. Wie eine Jukebox. Und das können Lieder sein, die man in Wirklichkeit gar nicht so toll findet. Das habe ich schon alles hinter mir und bin heilfroh, dass ich das nicht mehr machen muss. Viele Freunde und Musikkollegen, die darauf angewiesen sind, tun mir zurzeit richtig leid, weil sie pandemiebedingt nicht auftreten dürfen und dadurch ihre Existenzgrundlage auf dem Spiel steht. Ich hoffe, dass wir alle diese schwierige Zeit bald überstanden haben.

Wenn ich wirklich eine Musikerkarriere als Ziel gehabt hätte, hätte ich kein Abitur und kein Studium geschafft. Auf gar keinen Fall. Dann hätte ich mich viel ausschließlicher mit der Musik und meiner Karriere befassen müssen.

Ich hätte mehr reisen, wesentlich mehr oder sogar meine gesamte Zeit, reichlich Geld und sehr viel Energie in dieses Projekt investieren müssen. Und ein Privatleben hätte ich auch nicht mehr gehabt. Mir waren aber andere Dinge im Leben ebenfalls wichtig. In den fast 20 Jahren als Unterhaltungsmusiker hatte ich auf vieles verzichten müssen, was für meine Altersgenossen selbstverständlich war. Ich musste arbeiten, während die anderen feiern gingen. Ich war derjenige, der für gute Stimmung zu sorgen hatte. Oft fand ich das anstrengend. Manchmal war mir nach Weinen zumute, und doch musste ich den ganzen Abend lächeln. Das Brautpaar, das uns gebucht hatte, hatte das Recht auf einen gut gelaunten Sänger, der «Ganz in Weiß», «Love is in the air» und den «Schneewalzer» singt. Der Job war auch körperlich anstrengend.
Für eine Hochzeit beispielsweise mussten wir schon nachmittags zum Veranstaltungsort fahren, unsere Festanzüge mitnehmen, mit dem Aufbau der Musikanlage anfangen, die damals noch sehr schwer war, mit den Veranstaltern das Programm durchgehen usw.
Meist kam ich erst um 3 oder 4 Uhr morgens nach Hause. Von den vielen Proben ganz zu schweigen. Damals habe ich die Müdigkeit nicht so gespürt, vor mehr als 20 Jahren, aber jetzt könnte ich das nicht mehr. Ich will es ehrlich gesagt auch nicht mehr versuchen.
Im albanischsprachigen Musikbusiness können die meisten Musiker von ihrer Arbeit nur leben, wenn sie auf Hochzeiten oder auf Partys auftreten. CDs gibt es kaum noch, und wenn, dann kauft sie niemand mehr. Konzerte werden selten veranstaltet, sodass dadurch keine hohen Erträge erzielt werden können. Für Fernsehauftritte werden dort gar keine Honorare gezahlt. Es bleiben nur Familienfeiern. Selbst die größten Stars kann man für seine Privatfeier buchen, wie Aurela Gaçe aus Tirana, Sabri Fejzullahu aus Prishtina usw.

Sie wollen natürlich einen dicken Batzen Geld dafür haben, so um die 5.000 Euro oder mehr müssen die Veranstalter für diese populären Musiker hinblättern. Im gesamten albanischsprachigen Raum hat sich eine richtige Hochzeitsindustrie entwickelt und die Musiker profitieren reichlich davon. Ich finde es teilweise grenzwertig, welche astronomischen Preise in diesen armen Ländern für einen Auftritt verlangt und auch bezahlt werden. Mir ist das zuwider! Denn ich kenne viele sehr gute, berühmte und weniger berühmte Kolleginnen und Kollegen, die den ganzen Abend für ein angemessenes, dem Landesstandard angepasstes Honorar spielen. Nezafete Shala und ihre Brüder beispielsweise sind allesamt professionelle Musiker, die jeden Abend zu etwas Besonderem machen. Trotz ihrer Berühmtheit und des tollen Repertoires bekommen sie nicht mal 10% der Star-Gage ihrer überbezahlten Kollegen. Sie sind bescheiden und dankbar dafür, dass sie mit ihrer Musik Menschen glücklich machen. Und genau das ist auch meine Maxime gewesen, bis auf die Zeit als Unterhaltungsmusiker, als ich von den Auftritten meinen Lebensunterhalt bestritten habe. Ich werde oft von Veranstaltern in Deutschland, in der Schweiz, in Österreich, in Schweden, im Kosovo und Albanien eingeladen, mit meiner Gitarre ein paar Lieder zu singen. Dabei handelt es sich um Veranstaltungen, die keinen Profit sondern die Kulturförderung zum Ziel haben: Schriftstellerverbände, verschiedene Vereine, Schulen, Universitäten, die albanische Botschaft, die kosovarische Botschaft, internationale Feste, Lesungen etc. Oder ganz normale Treffen von Freunden und Bekannten, an denen wir gemeinsam singen. Die meisten Veranstaltungen werden von ehrenamtlich Aktiven organisiert, die immer knapp bei Kasse sind. Meine Musik ist dann mein Beitrag dazu.

In den letzten 30 Jahren hatte ich zahlreiche tolle Erlebnisse auf der Bühne. Ob mit verschiedenen Bands, als Solokünstler, als Unterhaltungsmusiker, als Singer und Songwriter, als Duettpartner, bei Radio- und TV-Auftritten usw.

Ein ganz besonderes Highlight erlebte ich während eines Urlaubs in der schönen Stadt Acapulco in Mexico. Kurz nach dem Abitur 1995 habe ich mich selbst mit dieser Reise für die große Anstrengung belohnt. Damals hatte ich noch den roten jugoslawischen Pass und brauchte für gefühlt jedes Land ein Visum. Ich musste also ein Visum für Mexiko und eins für Kanada beantragen, weil unser Flieger im kanadischen Neufundland zwischengelandet ist, um zu tanken. Es war nicht weit von der Stelle, wo 1912 die Titanic untergegangen ist. Nach 18 Stunden Flugzeit landeten wir in Acapulco. Die Grenzbeamten wollten mich erst nicht einreisen lassen, nachdem sie meinen roten Jugo-Pass sahen. Sie hielten mich für einen Flüchtling, der in Mexiko Asyl beantragen wollte, denn in Jugoslawien war noch Krieg. Ich erzählte ihnen, dass ich zwar jugoslawischer Staatsbürger bin, aber seit fünf Jahren mit einer unbefristeten Aufenthaltserlaubnis in Deutschland lebe. Ich glaube, sie wollten Kohle. Dann kam ein österreichischer Reiseleiter und half mir, dies den Beamten richtig zu erklären und nach gut 2 Stunden ließen sie mich endlich ins Land. Ähnliche Erlebnisse dieser Art hatte ich damals öfters – in Spanien, Italien, Tschechien, Bulgarien usw. Immer und überall war ich der letzte, der die Passkontrolle am Flughafen passieren durfte. Alle anderen mit deutschem Pass schauten mich dann an. Irgendwie ein komisches Gefühl, so aufzufallen. Acapulco ist eine wunderschöne Stadt, richtig traumhaft. Noch angenehmer fand ich die Menschen dort.

So freundliche, zuvorkommende, hilfsbereite, fröhliche, positive Leute hatte ich bis dato nur selten kennengelernt. Sie waren zu mir noch freundlicher, weil ich mit ihnen Spanisch und nicht Englisch sprach, wie es die meisten US-Touristen es taten. Sie waren sehr arm und auf die Touristen angewiesen. Teilweise herrschten dort Zustände, wie ich sie nicht einmal aus dem Kosovo kannte. Viele Mitarbeiterinnen im Hotel, z. B. die Putzfrauen und Kellnerinnen, bekamen kein Gehalt. Sie hofften nur darauf, dass ihnen jemand Trinkgeld gab. Mir war es teilweise fast peinlich, wie gut sie uns bedienten – und dann dieses sensationelle Essen, das sie servierten. Das Trinkgeld haben sie mehr als verdient. Aber die riesige soziale Ungerechtigkeit und Armut waren schon sehr traurig und belastend. Oft blieb mir das Essen im Hals stecken, weil ich das Elend vor meinen Augen nicht ertragen konnte.
Wir besuchten viele Sehenswürdigkeiten. Überall traten richtig gute Bands auf. Schnell bekam ich mit, dass vor Kurzem auch ein Hard-Rock-Café in Acapulco eröffnet worden war. Das Original!
Ich kannte es nur von vielen T-Shirts, wie Hard-Rock-Café New York oder Paris, hatte aber bis dahin noch keine Gelegenheit gehabt, einen solchen Laden zu besuchen. Meine Freunde und ich fuhren natürlich noch am gleichen Abend dorthin. Erst lief Musik vom Band, damals war die spanische Rockband Heroes del silencio mit ihrem Megahit «Entre dos tierras» so richtig angesagt. Oder bekannte Songs von Metallica, Guns 'N Roses, AC/DC etc. Nach einem guten Abendessen und einigen Corona-Bier fing das Live-Programm an. Es spielte eine Rockband mit Musikern aus mehreren lateinamerikanischen Ländern. Der Schlagzeuger und seine Frau, die Backgroundsängerin, stammen aus Argentinien, ein Gitarrist aus Chile, der Sänger aus Uruguay und der Bassist war ein Einheimischer aus Mexiko.

Sie spielten bekannte Rocksongs, etwas umarrangiert und mit einem Hauch von Latino-Rock versehen. Diese Mischung fand ich total klasse. Von ihnen hörte ich zum ersten Mal die Hymne des Latin-Rock «De musica ligera» der argentinischen Band Soda Stereo. Ein absoluter Ohrwurm! Schade, dass dieser Titel es damals nicht in die deutschen Charts geschafft hat.

Ich hatte mir etwas Mut angetrunken und fragte den Kellner, ob es erlaubt sei, die Band anzusprechen. Klaro, antwortete er. Ich ging in der Pause auf sie zu, stellte mich vor und lobte sie für ihre tolle Musik. Sie freuten sich sehr und wir unterhielten uns eine Weile über Musik. Sie fragten mich, ob ich auch Musik machen würde. Ich war schüchtern und antwortete bescheiden, ja, ab und zu, so zum Spaß. Dann sagte der Sänger, «wenn du Lust hast, komm auf die Bühne und sing einen Song mit uns». Wie bitte? Ich sollte im Hard-Rock-Café auftreten? Ich dachte, ich höre nicht richtig. Sie merkten, dass ich Lust hatte, aber mich irgendwie nicht traute. Die Backgroundsängerin lächelte und sagte zu mir, komm, wir werden den Laden zusammen rocken. Welcher Song sollte es dann sein? Ich kannte die Band erst 20 Minuten und wir hatten natürlich keine Gelegenheit, vorher zu proben. Wir einigten uns auf die Ballade «Nothing else matters» von Metallica. In E-Moll natürlich. Auch den Oktavsprung im Refrain schaffte ich damals problemlos. Meine Güte! Das war das erste Mal, wo ich mit einer richtig professionellen Band auf einer großen Bühne stand. Und dann dieser tolle Klang, ich war überwältigt. Der Laden war voll und ich bin vor Aufregung fast in Ohnmacht gefallen. Aber dieser Adrenalinschub war wohl wichtig und richtig, um den Song richtig schön und gefühlvoll zu singen. Und kraftvoll im Refrain. Mit der Hilfe der freundlichen und stimmgewaltigen Backgroundsängerin. Mit so tollen Musikern zu spielen, ist ein ganz besonderes Erlebnis.

Sie wissen ganz genau, wie der Sänger tickt, passen sich sofort an, wenn er eventuell eine Strophe verwechselt oder den Einsatz verpasst. Sie können so gut improvisieren, dass das normalsterbliche Publikum es gar nicht merkt. Die Metallica-Ballade spielten wir jedenfalls fehlerfrei zu Ende, obwohl wir nie geprobt hatten. Das Publikum tobte.
Oh Gott, am liebsten wäre ich weggelaufen! Das sind die Momente, die einem nur die Musik geben kann.
Dieses Glücksgefühl kann man mit keinem Geld der Welt kaufen.

Während einer Studienfahrt nach Rom habe ich 1993 einen außergewöhnlichen Singer and Songwriter aus den USA kennengelernt. Er hieß David Culiner, hatte eine himmlisch schöne Stimme, sang nur eigene Songs und war nach Europa gekommen, um seine Musik zu promoten. Ich hatte damals meine Gitarre mit und war jeden Abend mit meinen Klassenkameraden auf der Spanischen Treppe, um Musik zu machen. Dort trafen wir Menschen aus aller Welt und alle sangen zusammen. Ein unvergessliches Erlebnis! Wir sangen «Stairway to heaven» von Led Zeppelin, das bis heute zu meinen absoluten Favoriten zählt. Oder «Angie» von den Rolling Stones (Angela Merkel war damals noch nicht Bundeskanzlerin). Oder «Knockin' on heavens door» von Bob Dylan. Die üblichen Hits halt, die alle so spielen. David Culiner jedoch spielte nur selbstkomponierte Lieder, die kein Mensch kannte. Aber nach dem ersten Hören blieben sie im Ohr. Ein Song von ihm hieß «Were you listening to the rain». Er brachte ihn uns in 10 Minuten bei und wir sangen alle mit. Italiener, Chinesen, Engländer, Deutsche, Japaner, Russen, alle sangen dieses Lied zusammen. Das muss man als Musiker erst mal schaffen!

David schrieb alle unsere Adressen auf und versprach, uns eine Kassette per Post zu schicken, sobald er wieder zuhause in den USA wäre. Und das machte er tatsächlich. Nach mehreren Wochen kam ein Umschlag aus den USA an mit einem richtig tollen und emotionalen Brief und mit seinem Album auf Kassette. Diese habe ich immer noch zuhause, nach 27 Jahren.

Ich finde es immer wieder schade, dass es viele derartige Talente nicht schaffen, ins Musikgeschäft einzusteigen und stattdessen auf den Fußgängerzonen dieser Welt spielen müssen, um ihren Lebensunterhalt zu verdienen. Oder mit Musik ganz aufhören – weil sie nicht die richtigen Leute kennen, die die richtigen Leute kennen. Oder kein Glück haben. Oder sich selbst treu bleiben und sich nicht verbiegen lassen wollen. David Culiner hat mir damals gezeigt, welche Leidenschaft Musik auslösen kann. Dass Musik dafür da ist, Emotionen zu wecken, Menschen zu erreichen. Und nicht dafür, um jeden Preis damit Geld zu verdienen zu müssen oder, so wie heute, möglichst viele Likes im Internet zu bekommen.

Abgesehen von den Aufnahmen mit unserem Musikverein in Prishtina im Jahr 1988 hatten meine Schwester Filloreta und ich noch kein Lied im Studio aufgenommen. Das sollte sich 1992 in Deutschland ändern.

Wir wollten unbedingt das albanische Lied «Vjeshtë» (Herbst) von Gafurr Murati covern.

Den sympathischen Sänger hatte ich 1990 in der Kneipe «Shpella» (Die Höhle) im damaligen Vergnügungsviertel «kurrizi» in Prishtina kennengelernt.

Er stammt aus Mazedonien, studierte zu jener Zeit in Prishtina und war mit meinem Cousin Bashkim aus Prizren gut befreundet. Bashkim studierte damals Musik und spielt seit seiner Kindheit Geige.

Die erste Zeile ging etwa so:

«Më kujtohet vjeshtë e ftohët binte shi,
kur mori fund përgjithmonë një dashuri».

(Ich erinnere mich an einen kalten Herbst,
es regnete,
als eine Liebe für immer ein Ende nahm.)

Mein Freund Jak lästerte oft darüber, dass es in albanischen Liedern ständig regnen würde. Dabei sei Albanien ein ziemlich sonniges Land. Da ist etwas Wahres dran. Mir fallen spontan viele bekannte Lieder mit Regen ein. «Djaloshi dhe shiu» (Der Junge und der Regen) von der Ikone Vaçe Zela (Jak ist mit ihr verwandt) oder «Shi bie në Tiranë» (Es regnet in Tirana) von Fitnede Tuda und so weiter. Die albanischen Songschreiber scheinen den Regen zu mögen.

Zurück zum Herbst.
Der Keyboarder meiner damaligen Band hatte ein Mischpult, an dem ein Kassettendeck angeschlossen war. Er begleitete uns mit dem Keyboard, während ich ein Gitarrenintro live einspielte. Es musste natürlich alles live sein, alles wurde gleichzeitig aufgenommen und wir durften uns nicht verspielen. Filloreta sang die erste Stimme, ich sang eine Terz höher im Refrain. Sie sang sehr konzentriert und sauber, der Keyboarder und ich verspielten uns oft. Nach gefühlten fünf Stunden hatten wir es geschafft. Die erste Aufnahme war auf Band, wenn auch unter schwierigen und amateurhaften Bedingungen. Damals gab es nicht viele Studios, und sie waren sehr teuer. Wer konnte sich schon eine Profi-Aufnahme leisten – Wir waren stolz auf unser erstes Lied auf Kassette!

Nach vielen Jahren habe ich die Aufnahme wiedergefunden und meinem Neffen und meiner Nichte vorgespielt. Sie waren verblüfft, dass ihre Mutter eine derart schöne Stimme hat. Mein Schwager ebenfalls. Filloreta und ich mussten lachen und hatten natürlich Sehnsucht nach der guten alten Zeit. Das Lied haben wir damals oft live gespielt.
Die nächsten Aufnahmen machte ich 1997 in einem professionellen Studio in Haltern am See. Ich nahm das von mir selbst komponierte Lied «Zjarr» (Feuer) auf und wollte mich damit um die Teilnahme beim «Festivali i këngës» in Tirana bewerben, beim legendären «Grand Prix» der albanischen Musik. Aber die politische Lage war dort in jenem Jahr sehr schlecht. Es herrschten beinah bürgerkriegsähnliche Zustände. Deswegen zog ich meine Bewerbung schließlich zurück. Etwas enttäuscht machte ich aber mit anderen Songs weiter. Ich coverte «Wonderful tonight» von Eric Clapton, «You got it» von Roy Orbison und noch andere Klassiker. Auch ein zweites albanisches Lied nahm ich auf, diesmal im Studio des Musikprofessors, Produzenten und Komponisten Valton Beqiri in Prishtina, dessen Vater Fahri Beqiri ebenfalls eine Berühmtheit in der albanischen Musik ist. Wir nahmen eine neue Version des Liedes «Kur nata Korçën e mbulon» (Wenn die Nacht über Korça hereinbricht) auf. Korça ist eine albanische Stadt, die sehr viele Vertriebene während des Kosovo-Krieges aufgenommen hatte. Ein Großteil meiner Familie fand dort Zuflucht. Das Lied sollte eine Hommage an Korça sein. Diese Zusammenarbeit war für mich etwas wirklich Besonderes. Mit Klavier, Akustikgitarre und einem Geigensolo schafften wir ein völlig neues Stück. Die Musiker sangen dann die Hintergrundstimmen. Ich war überwältigt, mit so vielen professionellen Musikern zusammen zu arbeiten.

Ich habe das Lied auf zwei Veranstaltungen mit der Band gespielt, während einer Deutschland-Tournee in Düsseldorf und bei einem Konzert in Peja im Kosovo.
Das Lied durfte ich 2002, nach dem Krieg im Kosovo, sogar in einer Samstagabendshow des kosovarischen Fernsehens singen. Dabei traf ich die berühmte Sängerin Liliana Çavolli, die ebenfalls in der Sendung auftrat. Die mittlerweile verstorbene Künstlerin war eine der wenigen weiblichen albanischen Sängerinnen, die auch in den anderen Teilrepubliken des ehemaligen Jugoslawien Erfolg hatten und an Musikwettbewerben teilgenommen haben. Ein besonderes Erlebnis für mich, mit so einer großen Sängerin eine Bühne zu teilen!
Ihre Kollegin, beste Freundin und Weggefährtin war «bilbili i Kosovës», die Nachtigall Kosovos, die legendäre Sängerin und Schauspielerin, die großartige Diva der albanischen Musik, Nexhmije Pagarusha. Als Fünfzehnjährige zog sie in den fünfziger Jahren vom Land nach Prishtina und wurde Sängerin beim kosovarischen Rundfunk. Und das in einer Zeit, als es für Mädchen und Frauen sehr schwer, fast unmöglich war, überhaupt einen Beruf zu erlernen. Die damaligen Musikredakteure erkannten sofort ihre außergewöhnliche Stimme, ihren göttlichen Charme und ihre unwiderstehliche Bühnenpräsenz. Sie fing mit Volksmusik an und studierte später Musik und Gesang an der Akademie der Künste in Belgrad.
Sie wurde eine sehr populäre Opernsängerin, trat in allen jugoslawischen und europäischen Konzert- und Opernhäusern auf und ließ sich nie nur auf ein bestimmtes Musikgenre festlegen. Sie sang Klassik, Chansons, Volksmusik etc. Auch weltweit hatte sie eine Karriere gestartet: In Israel sang sie «Hava nagila», in den USA auch englischsprachige Lieder und in Brasilien portugiesische und spanische Titel. Trotz ihres großen Erfolges kehrte sie in

den siebziger Jahren nach Prishtina zurück und nahm mit einem großen Symphonieorchester alte albanische Volkslieder auf. Ohne diese legendären Aufnahmen wäre die albanische Musik viel ärmer. Sie gehören zweifellos zum kulturellen Erbe Kosovos und Albaniens. Diese großen Orchesterarrangements sind einzigartig, mit vielen Streichern, Klarinetten und Oboen. Ich bin mit diesen Liedern aufgewachsen, die mich und meinen Musikgeschmack bis heute prägen. Ihr größter Hit ist die inoffizielle Hymne Kosovos, das Lied «Baresha» (Die Schäferin), welches über 8 Minuten dauert. Komponiert wurde dieses Lied von ihrem Ehemann Rexho Mulliqi, der Text stammt vom Dichter Rifat Kukaj. Dieses außergewöhnliche Gesamtkunstwerk wird immer wieder von berühmten und weniger berühmten Sängerinnen neu aufgenommen. Aber das Original wird für immer unerreichbar bleiben.

Nexhmije Pagarusha hat auch andere Frauen inspiriert, ihren eigenen Weg zu gehen und sich eine Karriere zuzutrauen. Nicht nur in der Kultur, sondern in allen gesellschaftlichen Bereichen. Überhaupt hat sie Frauen im Kosovo den Weg geebnet, sich von alten Traditionen und Zwängen zu lösen.

Ich habe sie als Kind bei einigen ihrer Rollen im Nationaltheater in Prishtina erleben dürfen und konnte mich nicht satt sehen. Das muss Mitte der 80er Jahre gewesen sein, als sie vor allem in Theaterproduktionen, TV- und Kinofilmen mitgespielt hat. Die Gesangskarriere hatte sie zu dieser Zeit bereits beendet, weil sie Probleme mit ihren Stimmbändern bekam.

Anfang 2020 ist sie verstorben. Sie hat ihr ganzes Leben der Musik und der Kunst gewidmet, hat ein sehr bescheidenes Leben geführt, ganz ohne Starallüren. Wenn es im Kosovo einen richtigen Star gab, dann war sie das.

Sie wollte keine große Beerdigung, bloß eine ganz kleine Beisetzung im engsten Familienkreis in ihrem Geburtsdorf. Ohne Fernsehkameras und Fotografen. Diesen letzten Wunsch haben natürlich alle respektiert. Mit ihr ist auch ein Stück meiner Kindheit verstorben.
Mittlerweile waren es viele verschiedene Lieder, die ich aufgenommen hatte, und ich entschied mich, ein erstes Album daraus zu machen. Natürlich selbstproduziert. Ein Freund half mir, ein CD-Cover zu erstellen, ein anderer machte die Fotos, ein dritter vervielfältigte die CD. Diese nahm ich zu Auftritten mit und machte für mich und meine Musik etwas Werbung. Das lief damals ganz gut. Ich war zufrieden.
Mein zweites professionelles Album, «This is my life», nahm ich 2009-2010 mit dem befreundeten Musiker, Produzenten und Tontechniker Björn Prenzel von Baumhaus Records.de auf. Mit ihm produzierte ich ein Coveralbum in fünf verschiedenen Sprachen. Ich coverte einige albanische und internationale Lieder, die ich immer schon singen wollte, mich aber nie getraut habe. Lieder von Vaçe Zela und Frederik Ndoci zum Beispiel. Dazu coverte ich den Antikriegssong «Sag' mir, wo die Blumen sind» von Marlene Dietrich. Und «Bridge over troubled water» von Simon and Garfunkel. Und sang eine Swingversion des mexikanischen Klassikers «Besa me mucho». Das machte unglaublichen Spaß! Das Album durfte ich in der Sendung «Balkanizer» beim Radiosender WDR Funkhaus Europa vorstellen und sogar einige Songs live spielen. Und bei einer Großveranstaltung in Prishtina. Dasselbe dann beim Radio Prishtina, wo ich beim großartigen und leider kürzlich verstorbenen Moderator Hivzi Krasniqi zu Gast war. Und in Albanien. Und in Stuttgart. Das Album war sogar Teil der Ausstellung «Rock und Pop im Pott», die 2016 im Ruhr Museum in der Zeche Zollverein in Essen gezeigt wurde.

Alle Musiker aus dem Ruhrgebiet konnten sich an diesem besonderen Projekt beteiligen und ihre musikalischen Werke einreichen. Ich habe mich sehr gefreut, dabei zu sein.
Das dritte Album brachte ich 2017 heraus. Diesmal arbeitete ich mit dem Komponisten und Musiklehrer Eduard Ladner aus Dortmund zusammen. Mein Freund, der Schriftsteller Faruk Tasholli aus Aachen, hatte schon vor vielen Jahren einen Songtext für mich geschrieben. Es ging um eine Hommage an meine Heimatstadt Prishtina.
Ich hatte dann mehrmals versucht, einen Komponisten zu finden, fand aber irgendwie keinen passenden. Auf Empfehlung von Björn Prenzel traf ich Eduard, mit dem ich mich sofort menschlich und musikalisch gut verstand. Er wusste gleich, was ich wollte und in welche Richtung das Lied gehen sollte. Er komponierte mehrere Vorschläge für den Song und wir entschieden uns für eine etwas modernere Version, kombiniert mit klassischen Elementen. Dazu drehten wir später ein Musikvideo. Das Lied und das Video durfte ich in mehreren TV-Sendern im Kosovo vorstellen, bei einigen Radiosendern war ich zu Gast und gab verschiedene Zeitungsinterviews. Auch in Deutschland und in Albanien durfte ich dann das gesamte Album «Shtegtar – Wanderer» vorstellen. Auf diesem Album befinden sich noch zwei Coverversionen von Liedern des populären und leider viel zu früh verstorbenen Liedermachers, Journalisten, Schriftstellers und Friedensaktivisten Jusuf Gërvalla, der wegen seines politischen Engagements 1982 vom jugoslawischen Geheimdienst in Untergruppenbach bei Stuttgart gezielt ermordet wurde.
Seinen Song «Do të kthehem nënë» (Ich werde zurückkehren, Mutter) hatte ich einige Jahre zuvor auf mehreren Veranstaltungen in Deutschland und im Kosovo vorgetragen, zu denen auch seine Ehefrau Suzana Gërvalla und seine Tochter Donika Gërvalla-Schwarz geladen waren.

Sie waren von meiner Interpretation sehr bewegt und gaben mir auch offiziell die Genehmigung, diese Lieder (das genannte und «Njeri ku je») neu zu arrangieren. Das taten wir mit Eduard Ladner, es sind zwei völlig neue Stücke geworden. In diesem Sommer haben wir mit Björn Prenzel noch ein Musikvideo dazu gedreht. Das war insgesamt mein drittes professionelles Video.

Das Album «Shtegtar – Wanderer» und das Musikvideo zu «Prishtina ime» stellte ich im September 2017 in Köln vor. Unterstützt wurde ich von der

Sängerin und Musikethnologin Alma Bejtullahu, die aus Prishtina stammt und seit langer Zeit in Slowenien lebt. Sie hatte als Kind und Jugendliche mehrere Hits in der kosovarischen Popmusikszene. Ich hatte sie ein Jahr zuvor in Shkodra in Nordalbanien auf einer Veranstaltung getroffen und mit ihr spontan einige Lieder zum Besten gegeben. Wir verstanden uns so gut, dass sie ein Jahr später extra aus Ljubljana anreiste, um mit mir zusammen aufzutreten. Wir stellten ein Programm mit alten urbanen Liedern aus Albanien und dem Kosovo zusammen. Die künstlerische Leitung für das Konzert übernahm der Komponist, Dirigent und Pianist Kushtrim Gashi aus Darmstadt. Das Konzert zählt zu den absoluten Höhepunkten meines musikalischen Lebens. Danke, Alma und Kushtrim! Danke, Eduard und Björn! Danke an den Kulturverein «UraCult»! Danke an alle anderen, die mir geholfen haben!

Während dieser ganzen Zeit durfte ich bei vielen Veranstaltungen auftreten und habe sehr viele Menschen kennenlernen dürfen. Und das ohne kommerziellen Druck. Ohne Erfolgsdruck. Ich habe es getan, weil ich Lust dazu hatte. Ich wiederhole es immer wieder, dass Musik für mich eine sehr hohe Bedeutung hat. Eine richtig emotionale Funktion. Die Momente, die ich durch Musik erleben durfte, gibt es kein zweites Mal.

Mein Auftritt in der Gedenkstätte «Adem Jashari» in Prekaz im Jahr 2014 war zum Beispiel ein solcher Moment. Der ehemalige Minister für Diasporafragen Ibrahim Makolli lud mich zu dieser traditionellen Veranstaltung ein, zu der viele Auslandsalbaner und -albanerinnen aus aller Welt kommen, um den Nationalhelden Adem Jashari zu ehren und zu würdigen. Hier sollte ich ein Lied singen. Überhaupt ist diese Gedenkstätte zu einer Art Wallfahrtsort für alle Albaner geworden. Ohne die Opferbereitschaft der Familie Jashari gäbe es heute keinen Frieden im Kosovo. Ich trat vor mehreren Hunderten Menschen auf und sang den Titel «Poçari» (Der Töpfer), dessen Text aus der Feder des albanischen Dichters Dritëro Agolli stammt. Das ist ein Lied, das alle Menschen sofort berührt, denn es geht um die Wiederentdeckung der Muttersprache in der Fremde. Das Konzert wurde von mehreren Sendern live übertragen. Auch dies ein absolutes Highlight!
Ich hatte auch das Glück, mit vielen berühmten albanischen Sängerinnen und Sängern zusammen aufzutreten. Mit Nezafete Shala und ihren Brüdern. Mit dem richtig guten Sänger Riza Bytyqi. Mit Arif Vladi. Mit Besjana Mehmedi und Shkodran Tolaj. Mit Juli Ndoci. Mit Maya. Mit Linda Hakaj. Mit Hysni Klinaku. Mit Valton Beqiri und seiner Band. Mit Mera Zymeri. Mit Artan Bakija. Mit Jehona Sopi. Mit Alma Bejtullahu und Kushtrim Gashi. Und noch einigen anderen.

Ich beende dieses Kapitel mit den legendären Zeilen von John Miles' Song

«Music»:

«Music was my first love
And it will be my last.
Music of the future
And music of the past.
To live without my music
Would be impossible to do.
In this world of troubles,
My music pulls me through.»

Wenn Freunde zur Familie werden

Oft schweißt eine besondere und außergewöhnliche Lebenssituation Menschen zusammen. Eine Auswanderung stellt alle vor große Herausforderungen und markiert zwangsläufig einen Wendepunkt im Leben der Betroffenen. So war es auch in meiner Familie.
Meine Eltern waren schon in der Heimat gesellige Menschen gewesen, sie hatten einen großen Freundes- und Bekanntenkreis in Prishtina und darüber hinaus. Sie waren an mehreren Schulen beschäftigt und kannten dementsprechend viele Kolleginnen und Kollegen. Wir Kinder waren dann automatisch mit deren Kindern befreundet. Natürlich gehörten viele Lehrerinnen und Lehrer dazu, aber nicht nur. Mein Vater war schon früher und ist immer noch sehr sportbegeistert, kannte viele Sportler persönlich und nahm mich manchmal mit zu Heimspielen des Fußballvereins KF Prishtina und zu Boxkämpfen der damals sehr erfolgreichen Box-Mannschaft von Prishtina. Das absolute Fußballidol meiner Generation und der erfolgreichste Spieler des Kosovo war Mittelstürmer Fadil Vokrri, der vor wenigen Jahren viel zu früh verstorben ist. Das Fußballstadion von Prishtina trägt seinen Namen. Ein weiterer internationaler Star ist der Boxer und Olympiasieger von 1984, Aziz Salihu, ganannt Zizi. Ihn treffe ich oft, wenn ich in Prishtina bin und muss oft lachen, da er sehr lustig ist und außerdem sämtliche Klischees über Boxer erfüllt. Mein Vater kennt Hinz und Kunz aus dem Boxclub und der Mannschaft. Trotzdem kann ich bis heute seine Leidenschaft für Sport nicht so ganz teilen, und schon gar nicht die für den Boxkampf. Diese sportliche Tradition führt in unserer Familie mein Bruder Agron fort.

Zum Freundeskreis meiner Mutter zählten Kolleginnen aus ihrer Schule, Freundinnen aus der Schulzeit, aus dem Studium und aus dem Referendariat, Krankenschwestern, Ärztinnen, Schneiderinnen, Hausfrauen usw. Auch sie hat Freundschaften nicht nach dem Beruf und dem gesellschaftlichen Status ausgesucht, sondern nach Sympathie und Interessen.

Mein Vater hatte seine neuen Freunde, die Albanischlehrer Rifat Hamiti und Sami Thaçi, schon vor 31 Jahren kennengelernt, als wir noch in Prishtina waren. Beide besuchten uns dort, bevor wir dann Ende Juli nach Deutschland kamen. Das Lehrerehepaar Bajram und Sofije Domnica kannten meine Eltern ebenfalls schon aus Prishtina. Auch sie waren in Deutschland einige Jahre als Lehrer für den muttersprachlichen Unterricht in Albanisch tätig gewesen.

Wir hatten geplant, dass wir die lange Fahrt vom Kosovo nach Deutschland mit drei Familien und drei Autos zurücklegen sollten. Rifat Hamiti mit seiner Frau Nexhmije und ihren drei Kindern, Bajram Dumnica mit seiner Familie und den vier Kindern und wir fünf.

Wir hätten dann mehr Gesellschaft auf den Raststätten und könnten uns gegenseitig helfen, wenn etwas passiert. Bis Österreich ging es auch gut, wir hielten unterwegs oft an, um Pause zu machen, aßen etwas und unterhielten uns. Bajram Dumnica war immer schon für seine guten Scherze bekannt. Er wollte überall anhalten, wo ein Schild mit einem Messer und einer Gabel zu sehen war. «Hier in der Raststätte gibt es bestimmt eine leckere heiße Suppe», pries er uns den Laden an. Oft gaben wir Kinder bei solchen Gelegenheiten auch unseren Gelüsten nach Pommes und anderen überteuerten Speisen nach, die wir aber gar nicht schafften, weil wir eigentlich genug zu essen mithatten und nicht wirklich Hunger verspürten.

In Österreich hatten wir Familie Hamiti verloren, weil es irgendwo einen sehr langen Stau gab. Mit Bajram Dumnica konnten wir dann auf der A3 bis Köln zusammenfahren, wo sie damals wohnten.

In diesem Jahr, also 1990, begann eine richtig enge Freundschaft zwischen den vier Familien, die ihresgleichen sucht. Es gab kein Wochenende, in dem wir nicht entweder Familie Hamiti in Düsseldorf oder Familie Thaçi in Wuppertal oder Familie Dumnica in Köln besuchten. Oder sie besuchten uns in Gelsenkirchen. Auch wir Kinder freundeten uns an. Wir alle hatten damals winzige Wohnungen, das war aber egal. Wenn man sich treffen will und gern Gastgeber ist, ist Platz in der kleinsten Hütte, sagt sinngemäß ein deutsches Sprichwort. Und so sahen wir das auch. Rifat Hamiti hatte in der Schulaufsicht und als Lehrer für Albanisch in der Stadt Suhareka gearbeitet. Seine Frau Nexhmije war Albanischlehrerin am Gymnasium in Suhareka gewesen. Sami Thaçi hatte in Obiliq nahe Prishtina an einer Berufsschule Englisch unterrichtet. Seine Frau Mevlude war Krankenschwester, Bajram Dumnica Englischlehrer und seine Frau Sofije Grundschullehrerin gewesen.

Der neue Job als Auslandslehrer in Deutschland war zunächst eine Gemeinsamkeit, die meine Eltern mit den anderen teilten. Dazu kamen das Heimweh und die berühmte Schwierigkeit, im neuen Land Anschluss zu finden. Aber das Wichtigste war natürlich die gegenseitige Sympathie, der gegenseitige Respekt, die Unterstützung untereinander in schulischen und privaten Belangen und die gemeinsamen Interessen. Was in dieser Zeit aber allgegenwärtig war, war die immer schlimmer werdende politische und wirtschaftliche Situation in der Heimat Kosovo.

Schon zu jenem Zeitpunkt fing unser großes Engagement in der Kosovo-Frage an und dauerte Jahre, sogar Jahrzehnte.
Rifat Hamiti, Sami Thaçi, Bajram Dumnica, meine Eltern und einige andere Lehrer für Albanisch gründeten bald den albanischen Lehrerrat «Naim Frashëri» und lösten sich damit offiziell von der Aufsicht des damals noch aktiven jugoslawischen Konsulats in Düsseldorf. Diesem Lehrerrat schlossen sich auch viele Lehrkräfte aus dem ganzen Bundesgebiet an.
Die Ziele waren, ein gemeinsames Konzept und neue Materialien für den Albanisch-Unterricht in Deutschland zu erstellen – immer unter Berücksichtigung der neuen Umstände in der Migrationssituation – gegenseitige Beratung, kollegialen Austausch und Unterstützung zu ermöglichen, albanische Eltern über die Möglichkeiten des Unterrichts zu informieren und dadurch mehr Schülerinnen und Schüler zu gewinnen. Überdies sollte die Zusammenarbeit mit den deutschen Schulbehörden verbessert und intensiviert werden.
Der unermüdliche pädagogische Einsatz für die Umsetzung dieser Ziele war wirklich außergewöhnlich. Insbesondere meine Eltern und die Ehepaare Hamiti und Thaçi verstanden sich auf der beruflichen wie auch auf der menschlichen Ebene so gut, sodass dann innerhalb einer relativ kurzen Zeit eine absolut tiefe und vertrauensvolle Freundschaft entstand, die seit über 30 Jahren anhält.
Viele bewunderten sie für die Nähe und gute Zusammenarbeit, die sie auszeichnete. Aber es gab auch viel Neid und Missgunst. Das hielt sie aber nicht von ihrer Arbeit ab, ganz im Gegenteil. Sie begannen sogar selbst, die ersten Lehrbücher für den muttersprachlichen Unterricht in albanischer Sprache zu verfassen.

Eine Fibel für Erstklässler, einige Lesebücher und die entsprechenden Arbeitshefte haben sie gemeinsam mit dem bekannten Pädagogikprofessor Shefik Osmani und seiner Frau Urti aus Albanien veröffentlicht. Andere Werke folgten später.

Obwohl ich damals noch sehr jung war, hatte ich von Anfang an einen guten Draht und eine gemeinsame Leidenschaft mit Rifat und Sami: die Musik natürlich! Schon in den ersten Tagen in Deutschland fingen wir mit dem gemeinsamen Musizieren an. Rifat kommt aus dem Dorf Mushtisht nahe Suhareka, das die Heimat vieler Musikstars ist. Er hat als Kind und Jugendlicher mit traditioneller albanischer Musik begonnen und spielt das albanische Instrument çifteli, Mandoline und Geige. Sein Bruder Ibrahim Hamiti war ein begeisterter Musiklehrer und Talentförderer. Zusammen gründeten sie anfangs der 70er Jahre den bekannten und erfolgreichen Musikverein «Afërdita» und erlangten bald landesweit große Beliebtheit. Eine gewisse Shkurte Fejza, damals noch ein kleines, schüchternes Mädchen, fiel durch ihre außergewöhnlichen Gesangsqualitäten auf und wurde von Rifat und seinem Bruder Ibrahim entdeckt und gefördert. Seit über 45 Jahren ist sie der absolute Superstar der Volksmusik im Kosovo. Auch die populären Sängerinnen Shyhrete Behluli, Remzije Osmani und die Motrat (Schwestern) Mustafa machten ihre ersten musikalischen Schritte in diesem Verein und zählen bis heute zur ersten Liga der albanischsprachigen Musikszene.

Mit Ibrahim Hamiti hatte ich mehrmals die Gelegenheit, Musik zu machen.

Er begleitete uns mit dem Akkordeon, am Klavier oder mit einem Keyboard und konnte es immer wieder nicht fassen, woher ich so viele albanische Lieder auswendig kenne, obwohl ich doch Kosovo schon als Kind verlassen habe.

Jedes Lied, das er vorschlug, konnte ich mit Rifat, Sami und den anderen auf Anhieb singen. Ich denke noch heute an sein Lächeln und an die Freude, die er dabei verspürte. Im letzten Jahr ist er von uns gegangen und hat eine große Lücke hinterlassen. Sein Beitrag zur albanischen Musik wird von allen geschätzt und gewürdigt.
Sami ist ein echter Rock 'n Roller und spielt leidenschaftlich gern Gitarre. Er liebt die Rolling Stones, die Beatles, Led Zeppelin, Neil Young, Bob Dylan und natürlich Jimmy Hendrix. Als Englischlehrer kann er heute noch alle Texte auswendig und erzählt mir gern von den wilden Studentenpartys in Prishtina der 70er Jahre. Gern wäre ich dabei gewesen! Sami war während seiner Studienzeit mit vielen Rock-Musikern der ersten Stunde befreundet, die einen frischen Wind und einen progressiveren Geist in die damalige Kulturszene des Kosovo brachten. Bis dahin war sie eher traditionell und konservativ geprägt. Die alten albanischen Volkslieder kennt er natürlich auch und singt sie gern mit uns. Kompositionen des legendären Liedermachers und Sängers Qamili i Vogël und Lieder aus der nordalbanischen Kulturstadt Shkodër singt und spielt er, so wie Rifat Hamiti und ich, am liebsten.
Rifat spielt Mandoline, Sami und ich Gitarre. Früher spielte ich manchmal auch die traditionelle albanische çifteli, wenn es zu einem Volkslied besser passte. Neulich habe ich mir nach langer Zeit einen Wunsch erfüllt und mir ein neues Klavier geleistet. Auch damit begleite ich mich und die anderen, wenn wir das eine oder andere Lied anstimmen. Nicht nur zu unseren privaten Treffen, sondern auch zu schulischen Programmen mit den albanischen Schülern sind wir in diesen 30 Jahren oft zusammen aufgetreten.

Zu unserer alten Clique sind im Laufe der Jahre noch viele Familien hinzugekommen. Heute sind wir ein richtig großer Chor geworden. Die Lehrerin und leidenschaftliche Sängerin Shpresa Përzhaku mit ihrem Mann Agim Përzhaku sind sehr gesellig, feiern gern und haben uns mehrmals zu sich nach Mülheim an der Ruhr, aber auch in ihr Haus in Studençan bei Suhareka im Kosovo eingeladen.
Agim und ich sind auch Dolmetscher-Kollegen. Er ist ebenfalls vereidigter Dolmetscher und Übersetzer für Albanisch und andere Sprachen.
Zu unserem Kreis stießen auch der Lehrer Adem Shala aus Mönchengladbach und seine Frau Hajrije. Adem war im Kosovo in jungen Jahren in einem Musikverein aktiv, Hajrije kann ebenfalls sehr gut singen.
Sein Bruder Fehmi Shala und seine Frau Mejrem aus Viersen unterstützen aufopferungsvoll alle Veranstaltungen der albanischen Community und leisten einen großen Beitrag.
Der in Arnsberg lebende Lehrer Kemal Çallaku und seine Frau Shyhrete stammen aus der Stadt Kaçanik. Kemal unterrichtet Albanisch in Dortmund und Arnsberg und organisiert seit Jahren erfolgreich einen Schüleraustausch zwischen mehreren Schulen in Deutschland, Kosovo, Albanien und Nordmazedonien. Bei einem dieser Projekte hatte ich ihn 2013 unterstützt. Er feiert ebenfalls gern und ist für seine flotten Sprüche bekannt. Shyhrete hat eine sehr gute Stimme.
Die Lehrerin Vitore Përgjoka kommt aus Düsseldorf. Sie sorgt immer für gute Laune in der Gruppe, sagt ihre Meinung direkt und wird dafür geschätzt. Sie unterrichtet schon lange in Essen und Krefeld und ist sehr erfolgreich.

Die aus Albanien stammenden Lehrkräfte Etleva Mançe, Antoneta Micalliu, Gladiola Sadiku und ihre Ehemänner Fredi, Niko und Gentian haben den Freundeskreis bereichert und bringen neue Ideen und Impulse ein. Insbesondere Fredi sorgt mit seinem Humor stets für eine gute und ausgelassene Stimmung in der Gruppe. Antoneta stammt aus Shkodra und spielt ebenfalls Gitarre.
Alle zeichnen sich durch ein hohes berufliches Engagement aus, sind sehr gastfreundlich, gesellig und wohlwollend. Alle helfen sich gegenseitig und tauschen sich kollegial aus. Diejenigen, die länger im Beruf sind, unterstützen selbstverständlich die Neuen.
Wir treffen uns oft auf Schulfeiern, auf verschiedenen Festen der albanischen Community und auch privat. Dabei trinken wir auch das eine oder andere Gläschen, essen lecker zubereitete Speisen und singen Lieder von früher.
Diese mittlerweile sehr lange andauernde enge Freundschaft, die tatsächlich viele schwierige Zeiten überdauert hat, ist von besonderer Bedeutung.
Ich bin regelmäßig dabei und unterstütze die Weiterentwicklung und Akzeptanz des Albanisch-Unterrichts in vielerlei Hinsicht.
Ich wurde oft als Moderator für Veranstaltungen und Jubiläumsfeiern angefragt, habe auf Konzerten und Schulfesten gespielt, Schülerinnen und Schüler begleitet oder war als Lektor und Übersetzer bei vielen Fachveröffentlichungen dabei.
Meine große Familie, so nenne ich diesen außergewöhnlichen Freundeskreis, unterstützt mich und meine Projekte ebenfalls. Sie waren bei allen meinen Buchvorstellungen, Albumpräsentationen und Konzerten anwesend, ganz egal ob diese im Kosovo, Deutschland oder Albanien stattfanden.

Rifat Hamiti schrieb eine Rezension zu meinem letzten Buch «Rrugëtim publicistik» (Publizistische Reise) und las sie im Rahmen des «Seminars für den muttersprachlichen Unterricht Albanisch», in Prizren vor. Mit seiner Unterstützung habe ich vor neun Jahren mein erstes Liederbuch veröffentlicht.

Auch viele gemeinsame Veranstaltungen haben wir in den letzten 30 Jahren zusammen geplant, konzipiert und umgesetzt, so etwa die große Unabhängigkeitsfeier «100 Jahre Albanien» 2012 in Düsseldorf. Rifat ist ein richtiges Energiebündel und hat mit seiner unermüdlichen pädagogischen und kulturellen Arbeit in der albanischen Community Maßstäbe gesetzt. Uns alle hat er immer sehr motiviert, unterstützt und gefördert. Und das tut er immer noch.
Alle feierten mit mir mein Diplom, meinen Master, meine runden Geburtstage und waren immer für mich da, wenn ich sie brauchte. Vor allem Rifat Hamiti und Sami Thaçi. Es sind eigentlich Freunde meines Vaters, die inzwischen aber zu meinen, eigenen engsten Freunden und Vertrauten geworden sind. Darauf bin ich sehr stolz! Ich bin überhaupt froh, dass wir einige albanische Traditionen, die seit einigen Jahren zu bröckeln beginnen, leben und aufrechterhalten können. Die wechselseitigen Einladungen, das gesellige Beisammensein, das gemeinsame Essen und Trinken, die langen Gespräche, der Humor, das gemeinsame Singen, die Gastfreundschaft, die Hilfe untereinander – all dies leben und pflegen wir in unserem Freundeskreis noch. Das ist ein wichtiger emotionaler Anker und für uns ein Ausgleich zum arbeitsreichen Berufsalltag.

Kann man zwei Heimaten haben?

«A është më mirë këtu apo atje?» - Ist es hier besser oder dort? Diese Frage müssen alle Auslandsalbaner mehrmals während jedem Heimaturlaub beantworten. Keiner kann sich ihr entziehen, denn die Daheimgebliebenen wollen damit die Heimatverbundenheit der Auswanderer testen. Mit «hier» ist die erste Heimat, mit «dort» das Ausland gemeint. Früher wurde ich ebenfalls oft danach gefragt. Ich versuchte immer, eine diplomatische Antwort zu geben – dass man Kosovo mit Deutschland nicht vergleichen könne und dass beide Länder ihre Stärken und ihre Schwächen hätten. «Welche Stärken hat schon Kosovo», reagierten gereizt einige auf meine Meinung, die von den Entwicklungen im Nachkriegskosovo enttäuscht waren und lieber auswandern würden. Ich zählte dann die Errungenschaften der letzten 20 Jahre auf, die Freiheit, die Unabhängigkeit, die Meinungsfreiheit, die Demokratie, die junge Bevölkerung, die freundlichen Menschen, die neuen Straßen, die neue Autobahn, die neuen Häuser, die besseren Lebensbedingungen im Vergleich zur Zeit vor 20 oder 30 Jahren. Wenig ist es nicht. Dass es viele Dinge gibt, die verbesserungswürdig sind, ist mir schon klar. Vor allem in der Politik und in der Wirtschaft. Viele Migranten wollen natürlich, dass es Kosovo gut geht, vielleicht idealisieren sie die dortigen Zustände auch. Ich muss ehrlich gestehen, dass ich ebenfalls ein wenig dazu neige, vor allem die positiven Seiten zu betonen und mich mit den negativen nicht zu sehr aufzuhalten. In meinen Zeitungsartikeln und Kolumnen mache ich natürlich auch auf die Missstände aufmerksam, die mir im Kosovo auffallen. Das gefällt nicht jedem. Oft wird uns im Ausland lebenden Albanern vorgeworfen, wir hätten es leicht, aus der Distanz Kritik zu üben.

Wir würden in Deutschland oder anderen europäischen Ländern in Saus und Braus leben und uns in die kosovarische Politik einmischen wollen. Dazu hätten wir kein Recht.

Ich äußere mich selten öffentlich über Politik, meine Themen stammen eher aus der Kultur und der Kunst. Und zu Bildungsthemen schreibe ich natürlich auch.
Wenn ich aber von früher erzähle, von dem Kosovo meiner Kindheit, dann geht mir immer das Herz auf. Denn trotz der schwierigen politischen und wirtschaftlichen Lage, in der sich Kosovo zu jener Zeit befand, kann ich für mich selbst behaupten, dass ich eine richtig tolle und glückliche Kindheit und frühe Jugend dort verbracht habe. Aus heutiger Sicht würde man bestimmt sagen, dass wir in ziemlich ärmlichen Verhältnissen gelebt haben. Mit 13 Familienmitgliedern und häufigem Besuch in 5 Zimmern.
Ich konnte mir als Kind nicht vorstellen, wie es ist, ein eigenes Zimmer nur für mich alleine zur Verfügung zu haben. Meine Freunde auch nicht. Ein Fahrrad hätte ich als Kind gern gehabt, aber das war nicht drin. Denn wichtiger war es damals nicht nur in unserer, sondern in allen Familien, die Grundnahrungsmittel, das Brennholz und die anderen lebensnotwendigen Anschaffungen zu sichern. Wir haben deshalb unsere Eltern nicht mit unseren Extra-Wünschen genervt und unter Druck gesetzt, denn wir haben schon früh die wirtschaftliche Notlage gesehen und verstanden, dass wir auf vieles verzichten müssen, um über die Runden zu kommen. Es gab einige wenige Familien, denen es besser ging. Ein Klassenkamerad und sehr guter Freund von mir hatte ein eigenes Zimmer, einen Videorecorder und ein Fahrrad.

Er lud uns oft zu sich ein, wir feierten damals Partys und schauten uns die Musikvideos von Madonna und George Michael gemeinsam an. «La isla bonita» und «Faith» waren damals angesagt. Auch «Nothing's gonna change my love for you» von Glenn Medeiros liebten wir. Platz war genug vorhanden, denn das Haus war riesig. Uns Normalsterblichen kam so ein hoher Lebensstandard fast wie im Denver-Clan vor.
Trotz der finanziellen Engpässe gab es bei uns jeden Tag frischgebackenes Brot von meiner Oma und meiner Tante. Ich rieche es bis heute. Ein solches Brot gibt es heute kaum noch. Mit viel Liebe gebacken. Dazu selbstgemachter, cremiger, leckerer Joghurt. Eintöpfe wie auch die Bohnensuppe «pasul» mit oder ohne Fleisch gab es und gibt es heute noch immer in allen albanischen Familien. Sauerkrauteintopf, Gulasch, Kartoffelsuppe, gefüllte Paprika, Kohlrouladen, Kartoffeln mit Hähnchen im Ofen, Reis mit Hähnchen im Ofen, Polenta mit Rindfleisch, gefüllte Teigtaschen mit Schafskäse, wenn vorhanden auch mit Hackfleisch, Kürbis, Weisskohl, Lauch, Spinat, Sauerrahm usw. Manchmal gab es auch panierten Süsswasserfisch. Im Herbst wurde Gemüse für den langen und kalten Winter eingelegt, sehr viel Paprika, Gurken, grüne Tomaten und Sauerkraut. Kosovo ist möglicherweise nach Ungarn das Paprika-Land schlechthin. Nichts geht ohne, zu jeder Mahlzeit gibt es entweder gebratene Paprikaschoten, eingelegte Paprika, rohe Paprika im Salat oder Ajvar, die rote Paprikapaste, die man hierzulande aus den Balkanrestaurants kennt. Ob Pflaumenmus, Apfel- und Birnenkompott, verschiedene selbstgemachte Marmeladen oder Quittengelee, alles wurde in häuslicher Produktion fertiggestellt. Die ganze Familie hat dabei mitgeholfen. Den größten Aufwand bereitet bis heute Ajvar. Stundenlang müssen die roten Paprika gegrillt, geschält und eingekocht werden.

Aber die Mühe lohnt sich, denn der Unterschied zwischen dem selbstgemachten und dem im Supermarkt gekauften Ajvar ist riesig. Auf gutes Essen wurde und wird im Kosovo sehr hoher Wert gelegt.

Es wurde das gekocht und verarbeitet, was halt da war. Heute würde man das regional, bio und nachhaltig nennen.

Damals gab es diese Begriffe noch nicht. Man tat es einfach. Die Menschen waren es gewohnt, aus den wenigen Zutaten eine richtige, vollwertige Mahlzeit zu zaubern. Die Lebensmittel wurden mit hoher Wertschätzung behandelt, ich kann mich nicht erinnern, dass wir irgendetwas verschwendet oder weggeschmissen hätten. Alles wurde verwertet.

Meine Oma stammte aus einem Bergdorf im Norden Kosovos. Als junges Mädchen hatte sie gelernt, wie man überlebt. Sie war eine sehr starke, liebevolle, fleißige, genügsame und positive Frau. Für die ganze Großfamilie zu backen, zu kochen, sich um uns Kinder zu kümmern, war ihre absolute Erfüllung. Nie hat sie gejammert oder sich beschwert, trotz der schwierigen Verhältnisse. Natürlich haben auch wir anderen mitgeholfen, meine Tanten, meine Mutter, mein Vater, meine Onkel, auch wir Kinder haben unseren Beitrag geleistet. Uns schickte man oft zum Einkaufen auf dem Markt. Oder Milch holen. Das Leben in der Großfamilie funktioniert nur auf dieser Weise.

Dieses Leben im Kollektiv führte damals der Großteil der Bevölkerung im Kosovo. Auf dem Land sowieso, aber auch in den Städten, so wie es bei uns der Fall war. Es gab freilich auch Familien in Prishtina und in den anderen größeren Städten, die sich von der Enge, dem Erwartungsdruck und den Verpflichtungen ihrer Familien emanzipiert hatten und die in kleineren Wohnungen nur mit ihrer Kernfamilie lebten.

Das waren meistens gut gebildete Leute aus privilegierteren Schichten, die sich ein individuelles Leben auch leisten konnten. Wohnungen wurden damals vom Staat vergeben, aber nicht jeder hatte Anspruch darauf oder kannte die richtigen Leute, um eine zugewiesen zu bekommen. Der Großteil des Freundeskreises meiner Eltern stammte aus diesen fortschrittlichen Kreisen. Wir besuchten sie oft und für mich war es schon eine andere Welt. Ein befreundetes Lehrerehepaar beispielsweise hatte ein Klavier zuhause. Der Mann war Musiklehrer und hatte das Klavier irgendwann angeschafft. Ich fand es faszinierend und durfte als Kind kurz spielen. Für uns war das sehr weit weg, wir selbst hätten uns nie ein Klavier leisten können. Nicht einmal unsere Grundschule besaß eins, wir hatten ein Harmonium für den Musikunterricht.

Die sehr vielen sozialen Kontakte, ob familiärer oder freundschaftlicher Art, waren in meiner Kindheit ein großer Reichtum. Nicht nur ich, keiner aus meiner Familie oder darüber hinaus kannte das Gefühl, alleine zu sein. Das gab es praktisch gar nicht. Ständig hatten wir Menschen um uns, aus heutiger Sicht würde ich sagen, es war teilweise zu viel. Aber so war es damals halt. Wir Kinder waren ständig draußen, mit vielen anderen Kindern aus der Nachbarschaft oder aus der Schule. Unsere Eltern haben uns vertraut, uns vieles zugetraut und einiges auch zugemutet, so etwa, dass wir mit den Herausforderungen des Alltags zurecht kamen.

Klar passierte auch mal etwas. Einmal brach ich beim Spielen den Arm. Das gleiche widerfuhr auch meinem Bruder.

Einmal fiel meine Schwester in einen Bach im nahegelegenen Gërmia-Park, wo ich praktisch aufgewachsen bin. Einmal froren unsere Finger vor eisiger Kälte beim Schlittenfahren fast ab.

Aber es war damals nicht üblich, dass Eltern ihre Kinder überbehüten und ihnen jegliche Verantwortung abnehmen, wie es heute teilweise der Fall ist. Wir machten manchmal schlechte Erfahrungen und wussten dann beim nächsten Mal besser, wie wir uns schützen und anders verhalten sollten. Kinder, die von ihren Eltern auch beim Spielen begleitet und verhätschelt wurden, das gab es damals auch – sie waren aber nicht gern gesehen und hatten einen schweren Stand im Freundeskreis. Sie wurden wegen ihrer Unselbstständigkeit sogar gehänselt und als Muttersöhnchen verspottet.
Fast alle waren sehr hilfsbereit und solidarisch zueinander. Hatte jemand von uns Geld und kaufte eine Tüte Chips, Bonbons oder Erdnussflips, so hat er sie aufgemacht und allen anderen etwas angeboten. Es war sehr verpönt, alleine zu essen. Egoisten gab es natürlich auch. Diese liefen den ganzen Tag mit ihrer Tüte Erdnüsse auf dem Schulhof herum und sagten, «ich würde euch etwas abgeben, aber ich habe die Tüte noch nicht aufgemacht». Noch heute lachen wir über die Ausreden solcher Geizhälse. Meist waren sie dann auch noch gierig und gefräßig und nahmen als erste das größte Stück von der Schokolade, die von anderen angeboten wurde.
Auch die Eltern der Freunde fühlten sich für das Wohl der anderen Kinder verantwortlich. War jemand aus meiner Schule bei uns zur Mittagszeit zu Besuch, so war es völlig selbstverständlich, dass ihm Essen angeboten wurde. Das, was da war, wurde geteilt. Oder meine Mutter hat eben schnell ein Spiegelei extra gebraten. Auch ich war manchmal bei Freunden zum Frühstück oder Mittagessen eingeladen. Es war auch spannend, zu erfahren, was andere Familien so aßen. Meist war es natürlich so ähnlich wie bei uns, denn keiner lebte im Überfluss.

Das Gebot der Gastfreundschaft ist im Kosovo nicht nur Familienmitgliedern vorbehalten, auch Freunde der Kinder wurden reichlich bewirtet.
Wenn man in einer solch kollektiven Gesellschaft mit so vielen Menschen, mit sehr viel Nähe, Offenheit, Wärme, Liebe, sozialen Beziehungen, mit vielen Freunden, mit groß geschriebenen Werten wie Gastfreundschaft, Solidarität usw. aufwächst, prägt einen dies natürlich für das ganze Leben.
Bloß: wie findet man dann als Migrantin oder Migrant den Anschluss in einer eher individualistisch geprägten Gesellschaft wie in Deutschland?
Eine sehr schwierige Frage. Eine sehr schwierige Aufgabe. Bis heute.
Schon in den ersten Tagen nach unserer Ankunft merkten wir, dass unsere deutschen Nachbarn und viele andere aus dem Viertel lieber unter sich bleiben und Fremden gegenüber eher skeptisch sind. Unsere erste Vermieterin war eine etwas ältere Dame. Sie kam eines Tages vorbei, um etwas mit meinem Vater zu besprechen.
Meine Mutter servierte Orangensaft, Kaffee und Kuchen. Wir verstanden nichts von dem, was sie sagte, denn wir waren ja erst einige Tage da. Mein Vater versuchte mit Mühe und Not, sich mit ihr zu verständigen. Sie kam dann etwas öfter, denn sie wohnte gleich um die Ecke. Immer war meine Mutter sehr gastfreundlich, so wie wir es aus unserer Heimat gewohnt waren. Einmal ging etwas in der Wohnung kaputt. Meine Mutter nahm meinen Bruder mit, damit er für sie übersetzte und sie gingen kurz zur Vermieterin, um sie darüber zu informieren. Sie schaute erst aus dem Fenster, wer denn schellte, und ließ die beiden dann nicht einmal rein.
Das war unser erster Versuch, soziale Kontakte in Deutschland aufzubauen. Noch gaben wir nicht auf und bemühten uns auch in den anderen Wohnungen, die wir

später bezogen, neue Nachbarn und Menschen kennen zu lernen. Aber auch dort machten wir immer wieder die gleiche Erfahrung: Wir gingen auf die Menschen zu, luden sie ein und öffneten uns, von ihnen kam aber nichts zurück. Wie verhält man sich in einer solchen Situation? Ich möchte nicht sagen, dass die Menschen unfreundlich waren. Vielleicht kannten wir die kulturellen Codes in Deutschland noch nicht, z.B. dass man hier fremde Leute nicht so schnell zu sich einlädt. Dass es teilweise Jahre, gar Jahrzehnte dauern kann, bis die Distanziertheit, Verschlossenheit und das Misstrauen anderen Menschen gegenüber etwas vergangen ist. Sie wollten sich nicht so schnell öffnen, wie wir es taten. Sie vertrauten uns nicht. Einige haben bestimmt gedacht, «Warum sind sie denn so freundlich? Was führen sie im Schilde?» Oder noch schlimmer, «Sie wollen sich bei uns einschleimen».

Diese Erlebnisse ließen uns jedenfalls vorsichtiger werden. Es ist kein gutes Gefühl, sich zu öffnen, wenn die anderen es nicht tun. Vor allem als Fremde, Neue, Zugewanderte. Dann kommt man sich so wertlos vor. Vom Kosovo waren wir gewohnt, Menschen grundsätzlich positiv zu sehen. Jeder hat einen Vertrauensvorschuss verdient. Hier aber liefen die Uhren anders. Für meine Eltern war es sehr schwierig, private Kontakte zu Deutschen aufzubauen. Als Albanischlehrer hatten sie wenig Berührungspunkte mit den anderen Lehrkräften, da sie an verschiedenen Schulen, in verschiedenen Städten tätig waren und der Unterricht immer am schulfreien Nachmittag stattfand. So trafen sie meist nur die Hausmeister.

Zu den Schulräten und den Schulbehörden hatten sie eine gute und vertrauensvolle Beziehung aufgebaut, aber privat fanden sie keinen Zugang, trotz der vielen Bemühungen, die sie unternahmen. Es blieb somit bei intensiven Kontakten innerhalb der albanischen Community und des albanischen Lehrerrates.

Für uns Kinder war es etwas einfacher, da wir in der Schule täglich mit vielen Kindern und Jugendlichen zusammenkamen. Aber auch wir hatten es nicht so leicht, Freundschaften aufzubauen. Mir war es durch die Musik gelungen, einige neue Freunde zu finden.
Aber es war natürlich nicht die gleiche Nähe und Intensität, wie ich sie von den Freundschaften kannte, die ich im Kosovo zurücklassen musste. Vielleicht ist das auch normal, wenn man irgendwo neu ist. Vielleicht waren unsere Erwartungen zu hoch. Eine Auswanderung bringt immer gravierende Veränderungen mit sich, die man erst versteht, wenn man ausgewandert ist. Und das Thema Freundschaft und neue Beziehungen ist sehr davon betroffen.
Während der Schulzeit hatte ich viele Mitschülerinnen und Mitschüler, mit denen ich gut klarkam. Aber eine richtige Freundschaft, die meinem diesbezüglichen Verständnis dafür entsprach und entspricht, schloss ich erst mit André. Wir kannten uns schon länger oberflächlich, aber eine Sympathie war immer schon da. In der Oberstufe freundeten wir uns dann richtig an. Er war lustig, klug, freundlich, hilfsbereit, aufmerksam, vielseitig interessiert und einer der ersten, die mich zu sich einluden. Seine Eltern waren sehr freundliche, zuvorkommende, auch politisch engagierte Menschen. Eine sehr liebenswürdige Familie aus dem Ruhrgebiet. Sie unterhielten sich gern mit mir, fragten interessiert nach, wie es meinen Verwandten im Kosovo gehe, als die Lage dort schlecht war. Seine Mutter ließ mich nie ohne Essen gehen. Bei ihr habe ich die ersten deutschen Apfelpfannkuchen gegessen und war begeistert. Das kannte ich bis dahin nicht. Unsere Pfannkuchen heißen «pallaçinka» (Palatschinken), sind viel dünner und werden mit Schafskäse oder Marmelade belegt. Auch die ersten Spaghetti Bolognese habe ich bei Andrés Mutter gegessen. Richtig lecker!

André seinerseits besuchte uns sehr gern, meine Eltern und meine Geschwister mochten ihn auch. Er blieb auch oft zu Mittag oder kam manchmal zum Frühstück, um Rührei mit Schafskäse zu essen. Das kannte er bis dahin nicht. Ich lernte durch ihn viel über die deutsche Kultur, die Selbstverständlichkeiten, durch seine Eltern auch über die politischen Verhältnisse in der Stadt und einiges mehr. Er half uns manchmal auch sprachlich, über die Lage im Kosovo zu berichten und hielt an verschiedenen Veranstaltungen Vorträge hierzu.
Wir trafen uns oft am Wochenende, gingen in Kneipen, in Diskos, ins Kino, wodurch ich auch andere Freunde von ihm kennenlernte.
André ist einer der wenigen Freunde, zu dem ich auch nach 30 Jahren einen guten Kontakt habe. Auch wenn wir uns nicht mehr so oft sehen, besteht diese tiefe Vertrautheit, die Nähe und die Sympathie weiterhin fort. Vor einigen Jahren hat er mich sogar zu seiner Hochzeit eingeladen. Ich habe mich sehr darüber gefreut, auch seine Eltern nach langer Zeit wieder zu sehen.
Auch andere Freunde von mir, die man mit vollem Herzen so nennen kann, kenne ich seit über 20 Jahren. Johannes, Stefan, Uli, Ele. Mit ihnen verbindet mich eine absolute Nähe und Offenheit, die mir in guten wie in schlechten Zeiten Halt gegeben haben.
All dies sind Freundschaften, die früher entstanden sind. Ich merke in den letzten Jahren, dass es, je älter ich werde, desto schwieriger wird, neue Leute und neue Beziehungen zu finden. Vielleicht fehlt auch die nötige Zeit dafür und die Gelassenheit von früher. Die Erwartungshaltung an Freundschaften steigt mit dem Alter. Man macht keine Kompromisse mehr.
Wo ist es also besser? Im Kosovo oder in Deutschland?
Das Kosovo meiner Kindheit lebt in meinen Erinnerungen, wie es das bei vielen anderen auch tut.

Das reale Kosovo hat sich in den letzten 30 Jahren natürlich sehr verändert. Vier politische Systeme und drei Währungen gab es in dieser Zeit. Als wir gingen, war es noch Jugoslawien. Danach Serbien. Nach dem Krieg UNO-Schutzzone, seit 2008 Unabhängigkeit. Damals gab es den Dinar, nach dem Krieg die D-Mark, seit 2002 den Euro.

Ich habe in den vergangenen dreißig Jahren versucht, die Kontakte zu meiner Familie und zu meinen Freunden im Kosovo aufrechtzuerhalten. Das ist mir auch ganz gut gelungen. Wenn ich dort im Urlaub bin, reicht die Zeit nie aus, alle Menschen zu treffen. Zudem lerne ich jedes Mal noch neue Leute kennen. Natürlich habe ich Sehnsucht nach den vergangenen Tagen, aber diese Zeit ist unwiederbringlich vorbei. Noch gibt es aber die Orte und die Menschen meiner Kindheit, die ich dann gern besuche, um mein Heimweh zu stillen. Meine ehemalige Schule, den Taukbashqe-Park, den Gërmia-Park, den alten Markt, die Altstadt mit den alten Handwerksbetrieben, das Museum, die inzwischen sehr veränderte Innenstadt, die Universitätsbibliothek, wo ich mein letztes Buch vorstellen durfte, das Nationaltheater, das Kino, die legendäre Konditorei Elida, den roten Saal, wo Filloreta und ich damals mit dem Musikverein aufgetreten sind, und so weiter.

Am wichtigsten ist mir aber, die Menschen zu treffen. Ich lege keinen großen Wert auf schicke Lokale, Kneipen oder Shopping-Malls; Hauptsache, ich sehe die Leute wieder, die mir viel bedeuten.

Vor drei Jahren hatte ich mein erstes Klassentreffen mit meiner Grundschulklasse – nach 27 Jahren! Zwei Klassenkameraden in Prishtina hatten sämtliche Hebel in Bewegung gesetzt und es geschafft, alle zu informieren. Die meisten kamen zu dem Treffen und es wurde ein sehr schöner, emotionaler und langer Abend.

Wir waren alle den Tränen nahe, haben sie aber unterdrückt und viel gelacht, erzählt und später auch gesungen und getanzt. Wie sich das für eine richtige Feier im Kosovo gehört. Viele meiner Klassenkameraden mussten ebenfalls auswandern. Während des Krieges sind einige in die USA, in die Schweiz, nach Deutschland und nach Schweden geflüchtet. Wir erzählten dann den anderen von unserem neuen Leben im fremden Land. Die Daheimgebliebenen hörten uns aufmerksam zu. Viele von ihnen sehen das Leben im Ausland zu idealistisch und glauben, wir hätten es alle sehr leicht gehabt. Das entspricht natürlich nicht der Realität.

Manchmal, wenn ich im Kosovo bin, beneide ich die Menschen, die nicht auswandern mussten. Sie mussten nicht ihr vertrautes Umfeld verlassen, mussten keine neue Sprache und Kultur lernen, sich um neue Freundschaften und Akzeptanz bemühen. Ich denke dann daran, wie es wäre, wenn wir nicht ausgewandert wären. Aber dann sehe ich wiederum, dass sich durch eine Auswanderung eine neue Welt eröffnen kann, neue Lebensperspektiven, neue Weltanschauungen, neue Lebensarten, neue Denkweisen, neue Selbstverständlichkeiten. Und dass die Menschen, die nicht auswandern, um diese neuen Erfahrungen ärmer sind. Vielleicht möchte ich mich selbst mit diesem Vergleich trösten. Denn auch nach 30 Jahren ist die Frage der Zugehörigkeit noch ein Thema.

Eine eindeutige Antwort auf die oben gestellte Frage ist also fast unmöglich. Immer gibt es welche, die unzufrieden, enttäuscht oder sogar verärgert sind. Sowohl in der ersten als auch in der neuen Heimat. Migranten wird bewusst oder unbewusst oft das Mitspracherecht entzogen. Oder das Wort erst gar nicht erteilt. Wehe, sie trauen sich, sich kritisch über das Aufnahmeland zu äußern, dann reagieren viele Menschen in der neuen Heimat vielfach gereizt und mit Ablehnung.

Es heißt dann oft: «Wenn es dir hier nicht gefällt, dann geh' doch zurück in dein Land!» Diese Erfahrung machen vor allem viele kritische, deutsche Journalisten, die nicht Thomas oder Bettina heißen, sondern Ferda oder Hasnain. Oder auch ganz normale, frisch eingebürgerte Deutsche, die sich in der sogenannten Integrationsdebatte einbringen wollen.

Ich bin inzwischen soweit, offen ansprechen zu können, was mir an Deutschland gut gefällt und was nicht. Das müsste doch möglich sein. Auch als Zuwanderer. Oder als ehemaliger Zuwanderer. Denn ich bin seit über 20 Jahren deutscher Staatsbürger. Und als solcher möchte ich mich in diesem Land auch fühlen und behandelt werden, so wie die anderen auch.

Deutschland ist ein großartiges, offenes, demokratisches, solidarisches, soziales, tolerantes, wirtschaftlich starkes Land. Mit einer einzigartigen kulturellen, philosophischen, literarischen und musikalischen Tradition. Es ist das Land, wo ich praktisch groß geworden und gereift bin. Wo ich einen Großteil meiner Schul- und meine ganze Studienzeit verbringen durfte. Ein Land, in dem ich gern lebe und meine Meinung frei äußern kann. Wo ich ein ruhiges, selbstbestimmtes, würdiges und individuelles Leben führen kann, ohne dass sich die anderen einmischen und mir ihre Lebensart vorschreiben wollen. Diese Freiheit in Deutschland gefällt nicht nur mir gut, sondern allen Migrantinnen und Migranten, oder besser gesagt allen Menschen in Deutschland. Ein gut organisiertes, gut strukturiertes Land, in dem der Rechtsstaat funktioniert. Wir neigen dazu, auf hohem Niveau über alles zu jammern, was hier nicht gut klappt. Wenn ich nur einige Tage im EU-Ausland bin, merke ich sofort, wie gut wir es hier haben und oft nicht zu schätzen wissen. Dazu gehört natürlich auch der Wohlstand.

Jeder kann hier seine Individualität ausleben, jeder kann seinen Weg gehen.
Die Menschen sind in der Regel freundlich distanziert, ehrlich, manchmal zu direkt und schroff im Umgang, manchmal zu misstrauisch und etwas menschenscheu.
Ich glaube aber, dass die meisten Menschen in Deutschland von ihrer Grundhaltung her human, solidarisch, gesetzestreu und wohlwollend sind.
Jedoch habe ich auch Erfahrungen mit einem rüden, ausschließenden, unfreundlichen und hässlichen Deutschland gemacht. Mit einem ganz üblen Rechtsextremisten in der Nachbarschaft, der uns offen seinen Ausländerhass, ja seine Menschenverachtung gezeigt hat. Er hat uns alle als «Kanaken» und «Paselacken» tituliert und uns tote Ratten in den Hausaufzug gelegt, um uns zu demütigen und einzuschüchtern. Meine Mutter und eine türkische Nachbarin haben traumatische Erlebnisse erlitten. Wir waren entsetzt und riefen die Polizei. Selbst der Polizei gegenüber zeigte er keinerlei Respekt und beschimpfte sie ebenfalls. Sie unternahmen aber nichts. Gott sei Dank war er dann schnell ausgezogen.
Solche Erlebnisse möchte ich niemals selbst durchmachen müssen.
In den letzten Jahren habe ich auch viele ausländerfeindliche Äußerungen und Stammtischparolen gehört, die früher unaussprechbar waren. Diese Abneigung, gar Ablehnung Migranten gegenüber gab es aber zweifellos schon immer. Bloß waren die Leute früher vorsichtiger, das in der Öffentlichkeit zu äußern. Vor Kurzem wurde ich in einem Café Zeuge eines Gesprächs, wo eine gepflegte, eher zum Bildungsbürgertum gehörende Frau sich aufregte, dass in Bussen nur noch «Schwarzfüße» anzutreffen seien und dass sie dieses «Gesocks» nicht mehr ertragen könne. Und keiner an ihrem Tisch widersprach ihr.

Ich musste manchmal auch von ganz normalen Leuten Witze über meinen Vornamen ertragen. Einmal war ich zu Besuch bei einem Kommilitonen. Sein Bruder wohnte auch mit ihm zusammen und ich stellte mich ihm vor. «Wie heißt du nochmal?», fragte er mich. «Driton», antwortete ich. «Darf ich dich Karton nennen?», fragte er mich unverschämterweise und lachte sich schlapp über seinen Witz. Ich fragte ihn daraufhin: «Darf ich dich Arschloch nennen?»

Eine andere Frau, die ich zufällig bei einem Geburtstag eines Freundes traf nannte mich ständig «Dieter», obwohl ich ihr mehrmals zu verstehen gab, dass ich das nicht möchte. Dass das nicht mein Name ist. «Stell dich nicht so an!», sagte sie zu mir. «Wer soll denn deinen komischen Namen aussprechen können?»

Ich habe noch viele andere unangenehme und unschöne Situationen erlebt, die mich natürlich getroffen haben. Trotzdem habe ich mich nie davon herunterziehen lassen und habe diese schlechten Erfahrungen nie verallgemeinert. Leicht ist es nicht, man braucht manchmal schon ein dickes Fell.

Es gibt viele, die solche oder ähnliche Erfahrungen gemacht haben und immer noch machen. Aber die meisten ziehen es vor, zu schweigen. Ich habe früher auch niemandem von diesen Erlebnissen erzählt, weil ich nicht gern Opfer sein wollte. Weil ich keine schlechte Stimmung verbreiten wollte. Für mich waren es einfach Idioten, die nicht der Rede wert waren. Inzwischen denke ich aber anders. Man muss über diese Fälle berichten, und zwar in aller Ausführlichkeit. Auch wenn viele Einheimische das nicht aushalten können. Manchmal muss man den Finger in die Wunde legen und auch Unangenehmes aussprechen dürfen. Nur dann ist eine Auseinandersetzung mit diesen schwierigen Themen auf Augenhöhe möglich.

Wenn ich den Einheimischen hier erzähle, dass es für Migranten sehr schwer bis unmöglich ist, private Kontakte zu den Deutschen zu knüpfen, sind die meisten verwundert und haben sofort die Lösung parat: «Sie müssen in die Vereine gehen», heißt es dann. Ich weiß, das Vereinsleben ist in der deutschen Gesellschaft traditionell stark verankert. Aber wenn man nicht von hier ist und die Traditionen nicht seit der Kindheit kennt, ist es sehr schwierig, sich hier einzuklinken. Man kommt sich rasch fehl am Platz vor. Solche Erfahrungen habe ich auch gemacht. Schützenvereine, Taubenzüchtervereine, Kaninchenzüchtervereine usw. sind nicht gerade für ihre Vielfalt und interkulturelle Kompetenz bekannt. Gerade diejenigen, die diese Vorschläge machen, sind selbst kein Mitglied in solchen Vereinen. Sie wollen mit deutscher Vereinsmeierei nichts zu tun haben. Migranten sollen aber dahin. Aus ihnen sollen dann die besseren Deutschen werden.

Auch wenn ich kritisiere, dass es in Sachen Gastfreundschaft, Offenheit, Spontanität, Gelassenheit und Emotionalität in Deutschland noch Luft nach oben gibt, reagieren viele sehr abwehrend, abweisend und beleidigt.

Ich meine das gar nicht anklagend oder diffamierend, jedes Land hat bestimmte Traditionen und bestimmte Alltagsregeln. Ich spreche nur an, dass es für Migranten schwer ist, sich dem individualisierten Lebensstil und der Ich-Bezogenheit anzupassen, wie sie für den deutschsprachigen Raum charakteristisch ist. Dass viele dann nicht wissen, wie sie mit dieser meist verschlossenen Art umgehen sollen. Wie sie Menschen überhaupt ansprechen sollen. Und dass man über dieses Thema auch sprechen sollte. Aber oft stoße ich damit auf Unverständnis und taube Ohren.

Zurück zur Frage der Fragen:
Kann man zwei Heimaten haben?
Die Antwort lautet ja.
Ich trage beide Länder mit und in mir. Beide Sprachen, beide Kulturen. Ob ich möchte oder nicht. Beide sind ein Teil von mir, ein Teil meiner Identität. Beide Heimaten haben Stärken, die ich liebe und auf die ich stolz bin, aber auch Schwächen, die ich aushalten muss. Obwohl sie mich manchmal zur Weißglut bringen. Sei es die politische und gesellschaftliche Entwicklung in der ersten Heimat Kosovo oder jene hier in Deutschland. Ein ständiges Vergleichen, auch wenn es manchmal unausweichlich ist, bringt auf Dauer nichts. Es führt nur zu Frust und Resignation. Meine Maxime war und ist immer noch, positiv zu denken und nach vorne zu schauen. Das Beste aus der Situation zu machen. Das Beste von beiden Ländern herauszupicken. Nur die Rosinen. Was die Leute über mich denken, das interessiert mich inzwischen herzlich wenig.

Um es mit Udo Lindenberg zu sagen:

«Und ich mach mein Ding,
Egal was die anderen sagen.
Ich geh meinen Weg,
Ob gerade ob schräg, das ist egal.»

Integration – Was ist das überhaupt?

Ich habe mich in den letzten 20 Jahren intensiv mit den Themen Migration und Integration befasst – an der Uni, an der Fachhochschule, auf der Arbeit. Und ich habe gefühlt alle Bücher gelesen, die es dazu gibt. Ich habe auch selbst mehrere wissenschaftliche Arbeiten und meine Diplomarbeit dazu geschrieben. An Konzepten zur Integration in der Schule habe ich mitgewirkt, auf Podiumsdiskussionen wurde ich eingeladen, habe mehrere Interviews gegeben etc. Und parallel dazu habe ich natürlich meine eigene Migrationserfahrung und meine eigenen Integrationsbemühungen. Ich kenne das Thema sozusagen aus der Wissenschaft und Praxis.

Ich kenne die ganzen Definitionen, die Theorien, die Kontroversen. Die Soziologen und Politologen Hartmut Esser, Claus Leggewie, Annette Treibel, mein Professor Michael Krummacher und viele andere haben hervorragende Bücher über die Thematik veröffentlicht.

Auch die unsägliche Sarrazin-Debatte habe ich verfolgt und war entsetzt, wie viel Zustimmung Thilo Sarrazin auf einmal für seine menschenverachtenden Thesen und für seine offene Ablehnung Migranten gegenüber bekam. Kritik kam natürlich auch, die mit einem Ausschluss aus seiner eigenen Partei endete. Sein Buch «Deutschland schafft sich ab» wurde aber zum Bestseller.

In den ersten Jahren unseres Lebens in Deutschland kannten wir den Begriff Integration gar nicht. Wir brauchten ihn auch nicht zu kennen, denn wir machten einfach unser Ding, ohne lange zu überlegen. Es gab weder Integrationskurse noch Integrationstests. Auch keine Debatte darüber. Migranten hießen noch Ausländer. Die jetzigen Kurse finde ich wichtig, aber absolut nicht ausreichend.

Denn Integration, oder besser gesagt, Ankommen in einer neuen Gesellschaft, muss in der Praxis, im Alltag erfolgen. Was nützen mir Zeugnisse B1 oder B2 oder wie sie alle heißen, Teilnahmebescheinigungen von Lehrgängen über das Leben in Deutschland und ähnliche Seminare, wenn ich als Migrant in meinem Mikrokosmos lebe und überhaupt keine Kontakte zur deutschen Mehrheitsgesellschaft habe? Irgendwo habe ich gelesen, dass es nicht reicht, eine Sprache nur im Kurs zu lernen. Das käme dem Versuch gleich, Schwimmen im Klassenzimmer lernen zu wollen. Dieses Bild fand ich sehr passend.

Häufig beklagen neu zugewanderte Schülerinnen und Schüler aus meiner Schule in der Beratung diesen Zustand. «Herr Gashi, ich kenne überhaupt keine deutschen Menschen, mit denen ich meine Sprachkenntnisse verbessern kann, von denen ich die deutsche Kultur lernen kann», sagen sie dann in traurigem Ton. «Ich sage oft meinen Nachbarn, kommen Sie doch mal auf eine Tasse Kaffee vorbei. Doch sie behaupten immer, sie hätten keine Zeit».

Was rate ich den Schülerinnen und Schülern dann? Gehen Sie in die deutschen Vereine? Gehen Sie auf die Menschen zu?

Das tun sie ja schon alle, so wie meine Familie und ich das früher auch versucht haben. Es gibt einige wenige, die Glück hatten und nach ihrer Flucht ehrenamtliche Helfer in Deutschland getroffen haben. Viele dieser Helfer haben die anfängliche Euphorie von 2015 allerdings nicht lange durchgehalten und waren nach kurzer Zeit schon wieder weg. Natürlich ist die Flüchtlingsbetreuung eine schwierige, zeitaufwändige und emotional kräftezehrende Angelegenheit. Daher verstehe ich alle, die helfen wollen, aber schnell merken, dass sie das nicht schaffen.

Natürlich soll nicht vergessen werden, dass es immer noch viele Menschen gibt, die sich um Flüchtlinge und deren Ankommen in der Gesellschaft rührend kümmern. Sie alle verdienen großen Respekt. Überhaupt hat sich Deutschland in den letzten Jahren und Jahrzehnten als sehr human, großzügig und aufnahmebereit erwiesen, wenn es darum ging, Menschen aus Kriegsgebieten dieser Welt Schutz zu gewähren. Davon können sich die anderen europäischen Länder eine Scheibe abschneiden.
Aber Integration kann nicht nur durch ehrenamtliche Flüchtlingshelfer oder durch staatliche und private Initiativen gelingen. Diese können Startmöglichkeiten bieten, erste Orientierungshilfe sein. Aber danach muss jeder seinen Weg selbst gehen. Kontakte brauchen natürlich Zeit, sie sollten nicht künstlich geschaffen werden, sondern auf natürlichem Wege entstehen. Auch wenn es erst nur ein kurzes Gespräch zum Kaffee ist. Und dazu müsste mehr von der Mehrheitsgesellschaft kommen. Mehr Interesse, mehr Empathie, mehr Engagement. Aber nein. «Dafür sind Lehrer und Sozialarbeiter zuständig», heißt es immer wieder. Das ist die herrschende Erwartungshaltung. Alle anderen wollen damit nichts zu tun haben und finden es auch lästig, sich damit zu beschäftigen. Ich frage manchmal Menschen, die ein eher negatives Bild von Migranten haben oder ihnen sogar Integrationsverweigerung vorwerfen, was sie selbst denn zu diesem Thema beitragen würden. Sie sind über die Frage meist verblüfft, denn sie sehen sich überhaupt nicht in der Verantwortung, etwas zu tun. Ich frage sie dann, ob sie Migranten privat kennen oder ob sie welche auch mal zum Kaffee eingeladen hätten. Sie gucken dann wie Auto und fühlen sich rasch beleidigt. Ich frage sie dann:
Woher sollen Migranten denn die deutsche Kultur kennen? Von wem sollen sie das lernen?

Wie sollen sie wissen, wie man in Deutschland Geburtstag, Hochzeit oder Weihnachten feiert? Wie die Deutschen überhaupt so ticken? Wie soll denn so eine Integration ohne Kontakte überhaupt gelingen?
In den fast 20 Jahren meiner aktiven Zeit als Unterhaltungsmusiker habe ich nie erlebt, dass auf deutschen Feiern Menschen nichtdeutscher Herkunft eingeladen waren.
Schon während der Schulzeit haben viele über mich gesagt, ich hätte mich schnell angepasst, hätte schnell deutsche Tugenden angenommen. Sie haben es bestimmt gut gemeint. Ein Migrant, der keinen Ärger macht, unauffällig ist, und dann auch noch erfolgreich ist. Was will man mehr.
Ein Bilderbuch-Ausländer!
Aber diese Sichtweise hat mich trotzdem irritiert. Weil sie suggeriert und
impliziert, dass Migranten in ihren Herkunftsländern unpünktlich und faul waren, keine Werte hatten und vor der Aufgabe stehen, das alles in Deutschland neu zu lernen.

Ich habe die ersten 15 Jahre meines Lebens im Kosovo gelebt. Ich war in der Schule immer überpünktlich, sehr zuverlässig und fleißig. Nach dem Unterricht habe ich sofort die Hausaufgaben gemacht. Und die Werte, die ich von meiner Oma, meinen Eltern, meiner Schule und anderen vermittelt bekommen habe, lebe ich bis heute. Sie sind alle im Einklang mit der deutschen Wertekultur. Deswegen ist es für viele Menschen, die neu in Deutschland sind, oft etwas befremdlich, wie kleine Kinder behandelt zu werden, denen jegliche Werte und Kompetenzen abgesprochen werden. Alle bringen ihre Persönlichkeit, ihre Geschichte, ihr Selbstverständnis mit ins neue Land.

Natürlich müssen sie die neue Sprache gut lernen, die Umgangsformen, die kulturellen Eigenarten und die deutsche Geschichte. Aber man kann Menschen nicht verändern. Warum auch?
Es gibt die naive Vorstellung, wenn alle so wären wie die «richtigen Deutschen», dann wäre alles gut. Dann gäbe es keine Probleme mehr. Aber so einfach ist das nicht. Der Soziologe Aladin El- Mafaalani vertritt die These, dass es gut ist, wenn über Integrationskonzepte gestritten wird und wenn diesbezügliche Konflikte ausgetragen werden. Das ist ein Signal, dass die Migranten angekommen sind, dass sie ein Teil dieses Landes sein wollen. Dass sie nicht nur am großen deutschen Esstisch sitzen, sondern auch mitbestimmen wollen, was es zu essen geben soll. Viele scheinen aber bis heute ein Problem damit zu haben, wenn Migranten überhaupt eine kritische Meinung äußern. Wenn sie Forderungen stellen, wenn sie mitbestimmen wollen, wie es in unserem Land weitergehen soll. Ich habe manchmal den Eindruck, dass viele tatsächlich glauben, dass Migranten irgendwann zurückgehen werden. Auch ich werde oft danach gefragt, wann ich wieder in meine Heimat zurückkehren werde. Wenn man nach Jahrzehnten immer noch als Gast behandelt wird, ist das kein gutes Gefühl. Gäste bleiben für gewöhnlich 2 bis 3 Tage.
Trotz der Schwierigkeiten, die es ohne Zweifel gibt, sehe ich die Integration in Deutschland als gelungen an. Der Großteil der Bevölkerung hat sich an das Zusammenleben mit den Zugewanderten gewöhnt, für die meisten sind sie ein ganz normaler Teil der Bevölkerung. Ich weiß aber auch, dass es immer noch welche gibt, die sagen «Multi-Kulti ist gescheitert» und die immer einen negativen Blick auf die Entwicklungen haben.

Ihnen setze ich entgegen, dass in Deutschland inzwischen 20 Millionen Menschen leben, die andere Wurzeln haben als deutsche. Die meisten leben gern in diesem Land, sind friedlich, fleißig, halten sich an die Regeln, versuchen, so gut es geht, sich anzupassen und eine bessere Zukunft für sich und ihre Familien zu gestalten. Dass es auch einige gibt, die Probleme machen, steht außer Zweifel. Darüber muss berichtet werden, man muss die Dinge beim Namen nennen und die Regelbrecher selbstverständlich zur Verantwortung ziehen. Migranten sind die ersten, die sich sehr darüber aufregen, wenn Landsleute wieder etwas angestellt haben. Sie kennen das unschöne Gefühl gut, in Sippenhaft genommen zu werden, wenn ihre ethnische Gruppe einen schlechten Ruf bekommt.

Nicht zu vergessen sind die Anfänge der «Gastarbeiter»-Anwerbung Ende der fünfziger Jahre. Millionen junger Männer und Frauen aus vielen Ländern kamen damals nach Deutschland und haben einen riesigen Beitrag zum Wiederaufbau und zum Wirtschaftsboom dieses Landes geleistet. Sie haben in Zechen und in Fabriken geschuftet bis zum Umfallen. Ohne sie hätten wir den heutigen Wohlstand nie erreicht. Das Land brauchte damals diese Arbeitskräfte, weil viele deutsche Männer im Krieg gefallen waren. Dass es dabei nicht nur um Arbeitskräfte, sondern um Menschen mit Gefühlen, mit Heimweh, mit Bedürfnissen, mit Sehnsucht nach Liebe, nach einem Partner oder einer Partnerin ging, wurde im politischen Diskurs oft vernachlässigt. Viele von ihnen gingen zurück und bauten mit den Ersparnissen ein neues Leben in der Heimat auf. Die meisten aber blieben und holten ihre Familien nach. Oder gründeten ihre Familien hier. Inzwischen haben wir die vierte Generation der Gastarbeiter-Ära in Deutschland, die sich selbst längst als deutsche Bürger sieht.

Sie wollen nicht auch nach mehr als einem halben Jahrhundert Fremde im eigenen Land sein. Dafür habe ich mehr als Verständnis.
Auch die Menschen, die später nach Deutschland kamen, sei es als Aussiedler, Flüchtlinge, Arbeitsmigranten, Studenten, Handwerker, Ärzte, Professoren, Schriftsteller, Pflegekräfte, Akademiker, Bauarbeiter, Ingenieure, IT-Spezialisten, Lehrer oder unqualifizierte Hilfsarbeiter leisten täglich ihren Beitrag, damit Deutschland auch weiterhin seinen hohen Lebensstandard halten kann.
Fast alle lernen fleißig Deutsch, machen Ausbildungen, Fortbildungen, Umschulungen, lassen ihre Zeugnisse anerkennen, studieren, holen ihren Schulabschuss nach, arbeiten in Berufen, die viele Deutsche selbst nicht mehr machen wollen. Oder in denen aufgrund des demographischen Wandels Arbeitskräfte schlicht fehlen, da die Bevölkerung in Deutschland immer älter wird.
Ohne ausländische Ärzte und Pflegekräfte wären heute viele Notaufnahmen in deutschen Krankenhäusern, zahlreiche OP-Säle und Arztpraxen nicht mehr handlungsfähig. Ohne ausländische Arbeitskräfte im Handel und in den Logistikunternehmen würden viele Waren, Möbel und Pakete nicht mehr so schnell ankommen. Ohne ausländische Arbeitskräfte in der Industrie könnte die deutsche Wirtschaft dem immer stärker werdenden Konkurrenzdruck auf dem globalen Markt nicht mehr standhalten. Ohne ausländische Dolmetscher und Übersetzer könnten viele deutsche Behörden überhaupt nicht arbeiten. Ohne ausländische Bauarbeiter würde die ganze Branche kollabieren. Ohne polnische und rumänische Erntehelfer gäbe es keinen deutschen Spargel im Frühling. Oder keine frischen Erdbeeren. Ohne ausländische Arbeiter in den Großmetzgereien müssten wir für unser tägliches Schnitzel oder unseren Sonntagsbraten mehr Kohle hinblättern.

Ohne bulgarische, rumänische, albanische, polnische Altenpflegerinnen wären viele deutsche Senioren und Seniorinnen auf sich selbst gestellt. Ohne ausländische Gastronomen gäbe es vielleicht gar keine Gastronomie mehr. Ohne Migranten hätten wir keine Pizza, keinen Parmesan, keine Spaghetti Bolognese, keinen Döner, kein Zaziki, kein Sushi, keine China-Nudeln mit Süß-Sauer-Soße, keinen Curry, kein italienisches Eis, keine amerikanischen Fast-Food-Ketten...

Auch die deutsche Musikszene wäre ohne Zugewanderte ärmer. Wir hätten dann Peter Maffay nie kennengelernt und seine erotisch angehauchte Liedzeile «Ich war sechzehn und sie 31» hätte es nur auf Rumänisch gegeben. Das hätte aber kein Mensch verstanden. Helene Fischers größter Hit hätte dann auf dem CD-Cover folgendermaßen ausgesehen: «задыхающийся». Costa Cordalis und Nana Mouskouri hätten wir dann nur in griechischen Tavernen bewundern können. «Anita in Athen» hätte dann ihr Duett geheißen.

Einer der besten zeitgenössischen, jungen deutschsprachigen Autoren, Saša Stanišić, würde immer noch auf Bosnisch schreiben oder gar nicht mehr leben, wenn ihm Deutschland während des Bosnien-Krieges kein Asyl gewährt hätte. Oder die großartigen Autorinnen und Autoren Feridun Zaimoğlu, Lale Akgün, Hatice Akyün, Navid Kermani und viele andere, die von der deutschsprachigen Literaturszene nicht mehr wegzudenken sind.

Eine vielfältige, heterogene Gesellschaft ist eine Bereicherung in jeder Hinsicht und in allen Bereichen. Dass sie auch Konflikte mit sich bringt, ist normal. Auch homogene Gesellschaften sind nicht frei von Konflikten.

Das Wort Integration ist etwas abgenutzt. Es ist zwar gut gemeint, hat sich aber teilweise zum Reizwort entwickelt.

Ich bin eher ein Befürworter klarerer Begriffe, wie Ankommen in der neuen Gesellschaft oder gesellschaftliche Teilhabe. Und sie findet jeden Tag statt – oder auch nicht. Man muss sie nur sehen wollen. Die Erwartungen seitens der Mehrheitsgesellschaft sind teilweise zu hoch. Eine vollständige Eingliederung in eine neue Gesellschaft braucht Jahrzehnte, bis sie vollzogen ist. Oder noch länger. Wir sollten den Menschen die Zeit geben, die sie brauchen. Wir sollten ihnen viel abverlangen, sie dabei aber auch unterstützen. Und immer daran denken, dass die ganze Thematik höchstemotional ist. Dieser Aspekt wird in der öffentlichen Diskussion zu wenig beachtet, obwohl er sehr wichtig ist. Wenn Migranten sich angenommen, respektiert und wertgeschätzt fühlen, dann strengen sie sich auch mehr an. Davon bin ich überzeugt. Dann gelingt ihr Ankommen auch besser und schneller.

Ich habe noch einen Koffer in der Heimat

Marlene Dietrich, die Diva des deutschen Films, der größte deutsche Weltstar sang von ihrem berühmten Koffer, der in ihrer Heimatstadt Berlin auf sie wartete:

«Ich hab noch einen Koffer in Berlin,
deswegen muss ich nächstens wieder hin.
Die Seligkeiten vergangener Zeiten
sind alle noch in meinem kleinen Koffer drin.»

Marlene Dietrich musste während des Dritten Reiches ihre Heimat verlassen, weil sie sich der Nazi-Diktatur und ihrer Propaganda nicht beugen wollte. In den USA wurde sie zum Hollywood-Star und gilt bis heute als eine der größten deutschen Schauspielerinnen, als Vorbild für ihren Mut und Widerstandsgeist und als Stilikone. Ihre unverwechselbare, außergewöhnliche, rauchige Stimme begeistert die Massen bis heute. Mich auch.
Trotz des großen Erfolges weltweit und ihres Lebens im Luxus, sang sie 1954, in der Blütezeit ihrer Karriere von Berlin, von ihrer vom Krieg und Hunger gezeichneten Heimatstadt. Sie solidarisierte sich mit den Menschen, die weniger Glück hatten als sie und die dort den Krieg durchgemacht hatten. Sie drückte damit ihr Heimweh und ihr Mitgefühl für die Menschen und die Stadt aus. Sie zeigte allen mit diesem Lied, dass sie ihre Stadt nicht vergessen hat.

«Ich hab noch einen Koffer in Berlin.
Der bleibt auch dort und das hat seinen Sinn.
Auf diese Weise lohnt sich die Reise,
denn, wenn ich Sehnsucht hab,
dann fahr ich wieder hin.»

Marlene Dietrich singt mit diesem Lied vielen Millionen Migrantinnen und Migranten auf der ganzen Welt aus der Seele. Sie spricht mit schlichten Worten genau das aus, was viele denken, es aber nicht derart gekonnt auf den Punkt bringen können. Dieses Hin- und Hergerissensein, dieser Zwiespalt, dieses Leben ohne richtigen Halt, diese Einsamkeit, diese Traurigkeit, dieser tägliche Kampf um Anerkennung, dieses Gefühl, nicht dazuzugehören, dieser große Wunsch und die zermürbende Hoffnung, in die Heimat zurückzukehren...

Auch wenn es vielen in der Migration wirtschaftlich besser geht, bleiben diese Leere, diese Sehnsucht, diese Verzweiflung. Auch wenn es in der neuen Heimat schön ist, sogar wunderschön:

«Wunderschön ist's in Paris auf der Rue Madeleine.
Schön ist es, im Mai in Rom durch die Stadt zu gehen,
oder eine Sommernacht still beim Wein in Wien.
Doch ich denk, wenn ihr auch lacht,
heut' noch an Berlin.
Ich hab noch einen Koffer in Berlin, ...
Denn ich hab noch einen Koffer in Berlin.»

Wie recht sie doch hat.
Es ist für diejenigen, die nicht auswandern mussten, sehr schwer nachzuvollziehen, wie Migranten ticken – sowohl in der ersten Heimat als auch im Aufnahmeland. Viele glauben, ihnen gehe es jetzt besser, sie müssten sich nur schnell integrieren und dann sei alles gut. Schön wär's. Ich würde mir auch wünschen, dass das so einfach wäre.

Ist es aber nicht. Denn dieser ewig andauernde Kampf zwischen der Vergangenheit und dem Hier und Jetzt, diese kräftezehrenden Bemühungen um Akzeptanz, diese ständigen Rechtfertigungen, dass man doch ein guter Mensch ist, auch wenn man nicht von hier ist, diese energieraubenden Versuche, die Daseinsberechtigung im fremden Land unter Beweis stellen zu müssen, machen viele Menschen müde und krank. In der albanischen Volksliteratur, in Liedern und in Märchen wird das Thema «Auswanderung» häufig behandelt, denn Arbeitsmigration gab es im albanischen Sprachraum schon seit Jahrhunderten. Schon als Kind wurde ich damit konfrontiert und mir taten die Protagonisten dieser traurigen Geschichten immer sehr leid. Damals konnte ich noch nicht ahnen, dass ich später auch zu einem von ihnen werden sollte, der dann selbst diese Lieder singt.

Nachfolgend ein Beispiel aus der nordalbanischen Stadt Shkodra im gegischen Dialekt:

«Vaj si qenka ba dynjaja,
mos me tu ba me kenë gjallë,
un o i mjeri fukaraja,
paskam ndodhun o pa igball!

Gjithë prej hallit e sikletit,
m'u ba borxh me dal me u tret,
mora rrugën e gurbetit,
selametin o për me gjet!»

Was ist bloß aus dieser Welt geworden,
dass nicht einmal das Leben mehr lebenswert scheint?
Ich, bedauernswerter Armer,
scheine überhaupt kein Glück gehabt zu haben!

Wegen der Sorgen und aus Verzweiflung,
sah ich mich gezwungen,
fortzugehen, auszuwandern,
um in der Fremde mein Glück zu versuchen.

Es gab Situationen, bei denen mir auf der Bühne die Stimme versagte, wenn ich solche Lieder sang. Ich habe mich aber immer schnell wieder gefangen. Es ist jedes Mal hart, derart emotionale Songs zu singen, weil ich diese Geschichte dann selbst durchlebe. Das Publikum weint oft auch mit und ich merke, dass ich nicht allein bin. Das tröstet mich dann etwas.
Von meinem «Koffer in Prishtina» singe ich auch häufig. Das extra für mich komponierte Lied «Prishtina ime» (Mein Prishtina) habe ich im Studio eingesungen und ein Musikvideo dazu gedreht. Die albanischen TV-Sender und viele Radiostationen spielen es oft. Bis jetzt habe mich noch nicht getraut, das Lied live zu spielen; zu viele Emotionen würden hochkommen. Aber vielleicht kommt die Zeit später noch.

Mein Koffer in Prishtina wartet gern auf mich und freut sich sehr, wenn ich immer wieder einmal vorbeikomme, ihn behutsam aufmache und lüfte. Er bewahrt sorgfältig die alten Geschichten aus meiner Kindheit, meine verstorbenen Angehörigen, meine Mutter, meine Großmütter und viele andere mir nahestehende Menschen auf. In ihm finde ich noch einen Rest von Wärme, die mich über die nächste Zeit hinwegrettet. Noch einen Rest von Energie, die ich zum Weitermachen brauche.

Noch ein Rest von Liebe.

ENDE